mercari
メルカリの達人!

#1日5分月5万円のおこづかいの稼ぎ方!!

泉澤義明 リサイクルアドバイザー
YOSHIAKI IZUMISAWA

ぱる出版

まえがき
～1秒で売るテクニック！ 本当は教えたくない〝メルカリ副業〟の稼ぎ方！

この本を手に取っていただき、ありがとうございます。

スマートフォン（以下、スマホ）一つあれば、誰でも簡単に月に5万円のおこづかいを稼ぐことができる時代です。それも家にある不要品から販売することにより、リスクなく実現できるのです。

フリマアプリの「メルカリ」を使うことにより、いつでもどこでも簡単におこづかいが稼げるのです。

ぜひあなたもチャレンジしましょう！

●どんなものでも〝欲しい人がいる〟と思って売ると売れる!!

家にある不要品と聞いて、「そんなものを他人が買うわけない」と思っていませんか？

不要品だから、もう価値がないというのは、あなたの思い込みなのです。

「無料で集めた割り箸が売れる！」

たとえば、コンビニでお弁当を購入したときに無料でくれる割り箸。もらったけど使わなかった割り箸がどんどんたまっていませんか？

実は、これも〝数をまとめる〟と売れるのです。

「まさか、そんなものが売れるなんて⁉」

そう思われるのは当然かもしれません。しかし、実際にメルカリではそうしたものにも値段がついて売れています。

私が主催しているリサイクルネット販売のセミナーがありますが、そこに参加する人たちの多くが「私には売るようなものがありません」と言います。

実は、売るようなものがないと思い込んでいるだけで、たくさん売るものが家にあります。言ってみれば、気づいていないだけなのです。

「使いかけの香水が売れる⁉」

意外なものが売れている事例を紹介しましょう。

セミナーに参加した女性がびっくりしていましたが、使いかけの香水が販売され、取り引されています。

しかもその香水は半分くらいしか残っていません。それでもメルカリに出品すれば売れるのです。多くの女性は使いかけの香水が売れるとは思っていないのです。

●「オリンピックの〝号外〟が売れた！」

また、こんな事例もあります。平昌《ピョンチャン》オリンピックで羽生結弦《はにゅうゆづる》選手が2大会連続金メダル獲得という偉業を成し遂げ、すぐに号外が配布されました。

この号外は、新聞社が無料で配布したものですが、羽生ファンにとっては、是非とも入手したい一品です。

しかも大都市圏でしか配布されなかったといった希少性もあります。こういう品物ならメルカリに出品するとすぐに売れるのです。

使いかけの香水が売れたりすることもあれば、驚くことに使いかけの口紅まで売れています。香水はまだしも、他人の唇に直接触れたかもしれない口紅も驚くことに売れているのです。

「こんなものは売れないだろう」と安易に決めつけないことです。

購入を決めるのはあなたではなく買う方が決めるのです。無料でもらった割り箸や無料でもらった号外が売れるのです。

メルカリでは、学生時代に使ったアンダーラインや書き込みが入った参考書や赤本などが売り買いされていることも珍しくありません。

決して不要品を転売すると思わず、**どんな品物でも「欲しい人がいるかもしれない」と思うことです**。

そうすれば、販売する出品をあれこれ悩むこともなく、家にあるあれもこれも売りものに見えてきます。

メルカリには、いろいろなものを買ってくれるお客様がいるのです。求めているものを購入することができれば、買い手はうれしいし、売主にとってもそれは同じです。

要するに、ｗｉｎ－ｗｉｎ（ウィンウィン）の関係が生まれるので、売る方も買う方も満足できるというわけです。

私がメルカリをおすすめする理由は、こうした売り買いがスムーズに、そして簡単に誰でもスマホを使ってできるからです。

●コツをつかめば毎日5分、月10万のおこづかいを手に入れられる!!

手間も時間もかけずに、「簡単に売買ができる」のがメルカリの魅力なのです。そんなメルカリで、毎月５万円程度のおこづかいを稼ぐことは難しくありません。しかし、そのためにはちょっとしたコツが必要です。

コツをつかめば、毎月10万円以上も稼ぐこともできるでしょう。

私自身、千葉県のＪＲ下総中山《しもうさなかやま》駅で『ｂｌｏｏｍ《ブルーム》』というリサイクルショップを経営していますが、以前はサラリーマンでした。本書を手に取っていただいたあなたと同じように、自分で自由に使えるおこづかいが欲しいと思い、ヤフオク!を始めて、いろいろな売買を経験してきました。

副業で稼ぐことができるようになって、売買がとても楽しくなり、ついに独立してリサイクルショップを開業するまでになったのです。

この1冊で、あなたのメルカリ生活が楽しくなり、より効率的に稼げるようになる方法をわかりやすく紹介しましょう。

本書を最後まで読んでいただくことが、何よりも「メルカリの達人」への近道になります。

さあ、この機会に、楽しみながらおこづかいを稼いでみてください。

リサイクルアドバイザー
リサイクルショップ『ブルーム』店主
泉澤義明

〝メルカリ副業〟で
超カンタン
おこづかい生活入門！

メルカリの達人！

＃1日5分 月5万円のおこづかいの稼ぎ方‼

もくじ

第1章　なぜいまメルカリが爆発的な人気なのか【入門編！】

第2章 メルカリで稼ぐコツ【実践編！】

第3章 メルカリでは、どんな品物が売れるのか？

第4章 メルカリでもっと売るための「よくある質問」Q＆A

第5章 メルカリの達人が教える マル秘テクニック・5つのルール！

第1章
なぜいまメルカリが爆発的な人気なのか【入門編!】

スマホで手軽にできる〝フリマ〟が人気

テレビCMやネットサイトでも話題の「メルカリ」。すでに多くの人がご存じでしょうが、どういう会社かよく知らない人もいるかもしれません。そこで、メルカリとは何かを説明しましょう。

あなたの周りにもメルカリを使っている人がきっといます。それほどポピュラーになっているのです。

簡単に説明すれば、スマホを使ってできる「フリーマーケット」だと思ってください（略して「フリマ」と呼ばれます）。フリマのルーツはもともとフランス各地で行われている「蚤《のみ》の市」にあると言われています。

「使える限り、ものを大切にする」という精神が根づいているヨーロッパでは、家具でも食器でも代々引き継がれます。

デザインが魅力的な洋服や服飾品を使い続け、すぐに捨てることはしません。

たとえ、使っていたものが不要になったからといって、大量生産大量消費のような考え

メルカリのプロフィール

会社名	株式会社メルカリ
設立	2013年2月1日
資本金	69,586百万円（資本準備金含む） [2018年6月19日時点]
事業内容	フリマアプリ「メルカリ」の企画・開発・運用
CEO	山田進太郎
所在地	〒106-6118 東京都港区六本木6-10-1 六本木ヒルズ森タワー
売上高	357億6,500万円（2018年6月期、連結売上高）
関連会社	ソウゾウ、メルペイ、Mercari,Inc. Mercari Europe Ltd.

をよしとしないのです。使えるものだからこそ、誰かほかの人に活用してもらえるのであれば、喜んで譲りたくなります。

もう自分には不要品だと思っても、誰かにとっては必要であることも多いのです。つまり、品物をリサイクルするということですね。

よく週末の公園などで催されているフリーマーケットで、洋服やアクセサリー、日用雑貨、趣味の陶芸で焼いた食器類、引き出物や贈答品でもらった未使用のタオルセットなどを、とても手頃な価格で売買しています。

フリマに参加したことがある人は、売り手の楽しさもわかるでしょう。また、いろいろな出品を見てぶらぶら歩く買い手側のワクワク感も知っているかもしれません。

メルカリは、そのフリマの楽しさをスマホで手軽に実現できることで、爆発的な人気を得て、２０１８年６月19日にマザーズ市場に上場しました。２０１３年の創業からわずか5年でのスピード上場は、近年にない成長企業として注目に値します。

最近は、似たような業態の企業もありますが、メルカリの規模は月間流通金額が１００億円を超えるほどで、その金額から見ても利用者からの信頼が厚いことがわかります。

その目覚ましい成長ぶりで、推定企業価値はすでに１０００億円以上をはるかに超えると言われています。資本金は１２５億円ほどですが、これほど企業価値の高い成長企業は本当に珍しいといってよいでしょう。

株式上場した6月19日は売り出し価格の３０００円を大きく上回り、５０００円を超える値がつきました。終値で計算した時価総額は、７１７２億円を超え、今年最大の上場となる見込みです。

メルカリが新規公開株＝ＩＰＯを果たすことになったことで、日本発のベンチャー企業が世界から注目を浴びることにもなっています。

こうした企業価値や株式市場の話を紹介する理由は、１つです。いかにメルカリのフリマビジネスが大きな可能性を持っているかということ、さらに、メルカリが独自のビジネスプラットフォームを持っているため企業としての強味があるということです。リーディング企業であるため、もちろんサポート体制はしっかりしています。

ネット売買に慣れない人でも安心して出品ができるのが、メルカリの最大の魅力でしょう。そういう意味でも、いかなる経営戦略を持ち豊富な資金力がある企業だと知っておくと、より安心できるでしょう。

またメルカリは、創業当初のまだアプリの利用者も少なく、関連するアプリもまだ使い勝手が良くなかった頃から、不具合を改善するスピードが早いといった特徴がありました（また利用者の支持を得られない場合は撤退も早いという特徴があります）。

いまの時点で本書の中に書かれている機能が、もう少したてば、さらに改善されて良くなっているという可能性もあります。

これまで紹介してきたようにメルカリは、フリマ市場を劇的に変革したトップ企業です。使い勝手もサービス内容も売買のトラブル解決に関しても、常にリードして来た企業だと言えます。

だからこそ、安心してフリマを始めるなら売り手も買い手も多いメルカリがおすすめというわけなのです。

なぜいま、メルカリなのか？

メルカリを始めるタイミングは、そう、いまです！

「やってみようかな」とか、「捨てるのはもったいないから、誰かに譲ろうかな」とか、「ちょっとおこづかい稼ぎのためにやってみようかな」と思って本書を手に取っていただいたいまがベストタイミングなのです。

すでにメルカリのアプリをダウンロードしたまま、利用したことがない方もいまがベストタイミングです。

しかもメルカリが東証マザーズに上場して間がないということもあります。この株式上場で話題になり、さらに注目が集まっています。その人気でメルカリを活用する人が増えるでしょう。

これまでにおよそ、５０００万以上ダウンロードされています。単純に計算すれば、国内で約２人に１人が、メルカリのアプリをダウンロードした数字になるのです。そういう意味では、メルカリは「国民的フリマ」と呼んでもいいでしょう。

すでに紹介しましたが、メルカリは株式新規公開（ＩＰＯ）により時価総額が、一気に７０００億円を超えたと言われるほどになっています。上場に際して、多くの資本家・業界からも注目を集めています。

当然、メルカリを使っている人は、いままで以上に利用するでしょうし、メルカリを使ったことがない人が始めるきっかけになります。

フリマは、出店の数が多ければ多いほど、買い手のワクワク感を刺激します。10店舗しかない商店街よりも100店が集まったショッピングモールのほうが、魅力的に感じられるのは当然です。

メルカリは、登録者数もダントツに多いのです。利用者が多いということは、あらゆる種類の出品があるということ。洋服から車まで流通しています。

出品数が多いということは、選択肢が多いということです。つまり選択肢が多ければ、価格競争も起きるため、買い手にとってはリーズナブルに購入できるチャンスも増えるということです。

一方、売り手にすれば、登録者数が多いということは、買ってくれる可能性が高くなるので、どういうものを出品しても売りやすいというわけがあります。

本書冒頭のまえがきで紹介しましたが、無料でもらったコンビニの割り箸や使いかけの口紅、街中で配っていた号外新聞なども売れるのです。

「えっ？　そんなものが売れるの？」と思わず口にされるかもしれませんが、実際に売買された実績があるのです。いまも割り箸や使いかけの化粧品なども出品されています。

トイレットペーパーの芯の部分だけを出品して、それが売れたりするのです。

「うそでしょ？　信じられない！」

「なんで売れるの？」

「だまされてるんじゃないの？」

そう思われるかもしれませんが、実際、売れているんです。

出品するならブランド品のように、品物としての価値が高いものをイメージしているのかもしれませんが、そういうものでなくても売れるのがメルカリなのです。

これだけ色々お話ししても、「メルカリに出品できるようなものがないから」と言って二の足を踏む人もいます。そういう人にも手順を追って、メルカリがどんなに魅力的なものなのかを一緒に見ていきましょう。

スマホさえあれば、すぐ〝副業〟で稼げる！

私がネット販売に関わり出したのが、いまから11年前の2007年頃でした。その頃は、パソコンとデジカメがないとネット販売ができない時代でした。

それがいまではスマホさえあれば、写真も撮れますし、本当に簡単です。アンドロイドでもｉＰｈｏｎｅでも、スマホならメルカリで「副業」が簡単にできる環境になっているのです。

この環境を活かさない手はありません。スマホの高機能が、ネット通販の革命を起こしたわけです。

メルカリに登録してみよう

あなたのスマホは「アンドロイド」タイプですか？　それとも「ｉＰｈｏｎｅ」ですか？

メルカリを始めるために、用意するのはスマホです。

最近ではパソコンでも利用できるようになりましたが、ここではスマホを使った登録、出品等の方法を説明します（すでにダウンロードしている方は、ここは読みとばしていただいても大丈夫です）。

アンドロイドタイプ（ｉＰｈｏｎｅ以外）なら、アプリをダウンロードできる「Google Play」を開いてみましょう。

ｉＰｈｏｎｅを使っている人なら、「Apple Store」を開きます。

どちらでも検索欄で「メルカリ」と打ち込んでエンターキーを押せば、メルカリのアプリが表示されるはずです。

画面にしたがって、アプリをダウンロードします。

私が開いているビジネスセミナーへの参加者の中に、毎回と言っていいほどアプリをダウンロードすることに抵抗を感じるという人が少なからずいます。そういう人の声に耳を傾けていると、思いがけない疑問や不安があることがわかります。

直接、私が説明できる場合は、その場で理解いただけるので、スムーズなのですが、読者の中には一人でダウンロードすることに抵抗を強く感じる人もいるかもしれません。

「よくわからないアプリを勝手にダウンロードするのは怖い」

「ウイルスに感染する恐れはないの？」

「自分の大切な情報が漏れる心配はないの？」

「本当のメルカリのアプリなの？（ニセモノではないか心配）」

「（ダウンロードした後で）高額請求が来ることはないの？」

「何か被害を受けた人はいないんですか？」

もう、びっくりするような質問や疑問が出るときもあります。逆に、素直にアプリをダウンロードして、どんどん進める人もいます。

慎重なことはいいことですし、ネット通販に慣れていない人にとっては不安になるのも無理のないことです。

そういう心配のタネを一つずつ解決しておきましょう。

アプリを一つダウンロードするだけでも不安になる人は、次のことを知っておきましょう。


「メルカリ」のアプリは無料。

「メルカリ」をダウンロードしてもウイルス感染するわけではありません。

「メルカリ」のアプリをインストールしても個人情報が漏れることはありません。


これで不安は解消できたでしょうか？

では、アプリをダウンロードしたら、次はそのアプリを開いてみましょう。

初めての人は、「会員登録」をする必要があります。

これは、メルカリの利用者として登録するために必要です。住所や名前など、個人情報を提供します。しかし、個人情報は公開されるわけではありません。


最近は、アプリのアップデートが早く、使いやすさも増しています。

会員登録に関しては、大きく二つの流れがあります。

「Facebookで登録」「Googleで登録」もしくは、「メールアドレスで登録」するという方法です。

例えば、Facebookに登録、利用している人なら、わざわざメールアドレスで登録しなくても簡便に会員になれるというわけです。

SNS（ソーシャルネットワーク）を利用していない人は、メールアドレスを登録して会員になりましょう。

会員登録のページを開くと、

「メールアドレス」
「パスワード」
「ニックネーム」
「性別」（任意）
「招待コード」（お持ちの方のみ）

が出てきますので、これらの中の必要情報を記入すれば、登録ができます。
では、順番に説明しましょう。

●会員登録の手順

手順1　メールアドレスを登録する

「メールアドレス」は、ログインに必要で、登録会員の証にもなります。メールアドレスを登録することで、自分の出品した品物が売れたことや、取引中の商品にコメントがあった場合などに、「お知らせのメール」が届きます。

手順2 住所を登録する

次に住所の登録です。以前はなかった項目ですが、盗難品や偽ブランド品の出品が問題視され、出品者の身元を確認できるように必須データになっています。

40ページのように、「住所入力」ページには、名前（漢字、フリガナ）、「郵便番号」「都道府県」「市区町村」「番地」までが必須とされています。

名前や住所を登録したくないと思うかもしれませんが、このデータが一般に公開されるわけではありません。

では、ウソの住所などを記入するとどうなるでしょうか？

特定商取引法に違反するなど、法律違反の可能性があり、問題に発展することも考えられますから、虚偽の住所を登録することはやめましょう。

品物の売買が成立したら、その品物を発送します。送り先の住所と名前がわからなければ、送ることができません。

また、返品などの場合も考えれば、送り主の住所と名前が明記されていなければ、対応できません。普通はそう考えますが、メルカリのサービスの素晴らしいところは、**出品者と購入者がどちらも住所や名前も匿名にしたまま品物のやり取りができるようになっている点**です。

それが、「メルカリ便」です。この独自の「メルカリ便」で発送すれば、購入者も出品者も匿名で品物の送付ができるため、住所や名前をお互いに知られずにすみます。

後ほど、詳細は説明しますが、メルカリ便を使用しなければ、購入者の住所と名前は出品者（送り主）側に知らされます（そうしなければ、送付できないからです）。

手順3　ニックネームの登録

「ニックネーム」は、メルカリを利用するときに公開され、名前代わりになるものです。一度登録した後に、変更もできます。愛称でもいいですし、ペットの名前をつけたり、お店の屋号のような名前でもいいでしょう。短くて覚えやすい名前をつけてみましょう。

手順4 パスワードを設定

「パスワード」の設定が必要です。ログインのさいに必要になりますから、忘れないように手帳などにメモしておきましょう。

また、パスワードは8文字以上となっていますが、ほかで使っているパスワードを使い回すのではなく、メルカリ用に考えて登録するのがいいでしょう。

手順5 電話番号での認証

メールアドレスとパスワードを登録したら、電話番号の確認が求められます。これは本人確認のためにメルカリが携帯電話のSMS（ショートメッセージサービス）を利用して認証を行います。これが「**電話番号認証**」と言われるものです。

携帯電話の番号を入力すると、SMSに4桁の数字が送られてきます。その数字を認証番号として入力すれば会員登録が完了します。

これでメルカリのフリマで出品もできますし、購入もできます。

なぜメルカリでは「プロフィール」が大切なのか

プロフィールの役割は、大きく二つあります。

一つは、「**購入者に安心感と信頼を与える**」効果。

ネットを使ったフリマでは、リアル店舗での買い物と異なり、ショップの店員の顔も見えませんし、出品者の人柄もわかりません。購入する側は、知らないことで不安になります。

「もし購入したら、きちんと梱包してくれるのか？」

「発送はすぐに対応してくれるのか？」

「質問したらすぐにコメントを返してくれるのか？」

そういうことが気になります。

特に購入に慎重な人はすぐに購入に踏み切りません。出品者の評価の欄をチェックする人も多く、これまでの取引でトラブルがなかったかどうかを確認します。

例えば、同じ品物を出品していた人がいて、どちらも評価は良好だったとします。1人はプロフィールの記入がほとんどなく、もう1人は人柄のほか、発送の目安や初期不良時の場合の対応について記入していたとします。

多くの人が選ぶのは、プロフィールに色々な情報を掲載している出品者でしょう。特に品物に関する梱包や発送などに関する情報は大切です。

二つめは、「**トラブルを回避する**」効果。

すでに紹介したように、購入者が思っていたものと届いた品物に相違があったり、色やサイズが異なっていた場合に、どのように対処してくれるかがプロフィールで記載されていると安心感が高くなります。

また、質問などのコメント、購入から発送までの日程など、購入者が気になる点についてあらかじめプロフィールで明記してあれば、不要なトラブルを避けることもできます。

例えば、質問コメントに対して、すぐに応答できないのであれば、そのことを事前に明記しておけば、質問者は回答を待ってくれます。

「日中は仕事のため、すぐに返答できないこともあります。」という一文があれば、質問コメントをする側も回答の目安がわかって安心します。

また返品に対する注意書きも明記しておくと、トラブル回避にもつながります。

購入者に安心感と信頼感を与えるプロフィール例を挙げてみましょう。

〈プロフィールの例〉


はじめまして、ご覧頂きありがとうございます！

手持ちの不用品を整理するためメルカリをはじめました。

未使用品から中古までお買得品を出品しています。

早い者勝ちですので、気になる商品は今すぐゲットしてください！

コメントなしで購入歓迎！

気になることは、納得いくまでお気軽にご質問くださいね！

送料は無料です！ メルカリ便・定型外など商品により発送方法が異なります。出品商品説明欄をご覧ください。

専用は対応していません。

気持ちの良い迅速対応を心がけております！

よろしくお願い致します！

商品の状態はわかりやすく記載しているつもりですが、スマホの機種などにより色等実際とは異なる場合がありますのでご了承ください。

ほとんどの商品が個人が自宅で保管していた中古品となります。お店とは違いますので個人売買にご理解のある方、よろしくお願い致します！

完璧を求める方、神経質な方は購入を控えてください。

保障なしの発送商品の紛失事故につきまして、責任は負えませんのでご了承ください。

ご了承頂けた方のみ、ご購入くださいませ。

日中は仕事をしているため、ご質問などのお返事が夜になることもあります！


プロフィールは、このような感じで掲載します。

プロ－フィ－ル・写真・ニックネームなども、メルカリ上にたくさんあります。ユニークなものから、これは良いなと思うもの、また逆に読んでいて不愉快になるものまであります。良い物は自分に取り入れ、悪い点は真似しないようにして、プロフィールも気がついたことは改善して良くしていくことで、どんどん購入していただけるようになります

稼ぐためには、〝プロフィール写真〟は必要！

プロフィールには、文章とともに写真も掲載できます。せっかくなので、プロフィール写真も掲載しましょう。

写真のあるなしで、購入側の印象もガラリと変わります。

写真は自分の顔写真を使う必要はありません。自分の顔写真を載せる代わりに、自分のペットのカワイイ写真やお気に入りのぬいぐるみやフィギュア、旅行に行った時の風景などを載せてみましょう。

このとき、自分で撮影した画像を使いましょう。ネット上に掲載されていた画像を勝手に流用することは法律違反になりますので要注意です。

もしもプロフィール写真に困ったら、ネット上で公開されているフリー画像素材を活用するのも一つの方法です。また、フリー素材画像だといっても、中には「商用」（ビジネス目的としたもの）には利用できないものもあります。

プロフィールで使う場合、商用不可のものは使わないようにしてください。いろいろなフリー素材画像のサイトを探せば、「商用」でも無料で使用可能な場合もあります。

メルカリの基本操作と使い方【購入の仕方編】

会員登録ができたら、次はメルカリの基本操作と使い方をおぼえましょう。すべてスマホからできるので、特に面倒なことはありません。

初めてメルカリで品物を購入するさいの流れを追いながら、使い方を学びましょう。

①まず、欲しい商品を一覧から探します。

メルカリのアプリを開くと、「新着」をはじめ「ストア」「NOW」「生配信」のほか、商品カテゴリーとして「レディース」「ベビー・キッズ」「インテリア・雑貨」「コスメ・美容」「ハンドメイド」「チケット」「自動車・オートバイ」「スポーツ・レジャー」「家電・スマホ・カメラ」「おもちゃ・ホビー・グッズ」「本・音楽・ゲーム」「メンズ」などの項目にわかれています。各カテゴリーの中で、気になった品物には「いいね！」をしたり、「コメントする」から品物の状態や配送方法に質問してみましょう。

〈チェック①〉
欲しい商品を選ぶ

一覧を見て気になる商品、欲しい商品を探そう！

↓

②買いたい品物が見つかったら、**「購入手続きへ」のボタンを押します。**

購入手続き画面になりますので、内容を確認します。ここでは、品物の金額、送料は込みなのか別途なのか、ポイントを使用するかどうか、支払い方法、支払い金額などが表示されます。

〈チェック②〉

「購入手続きへ」のボタンを押す

↓

③ここで**支払い方法を選択**します。

クレジットカードやコンビニ、携帯電話のキャリア決済、またはＡＴＭでの支払いを選ぶことができます。ただし、支払い方法によっては手数料がかかります。

https://www.mercari.com/jp/help_center/article/20/　参照

↓

④また、**初回の取引では住所登録が求められます。**

〈チェック③〉

支払い方法を選ぶ

支払い方法によっては
手数料がかかる

〈チェック④〉

初回は住所登録が必要

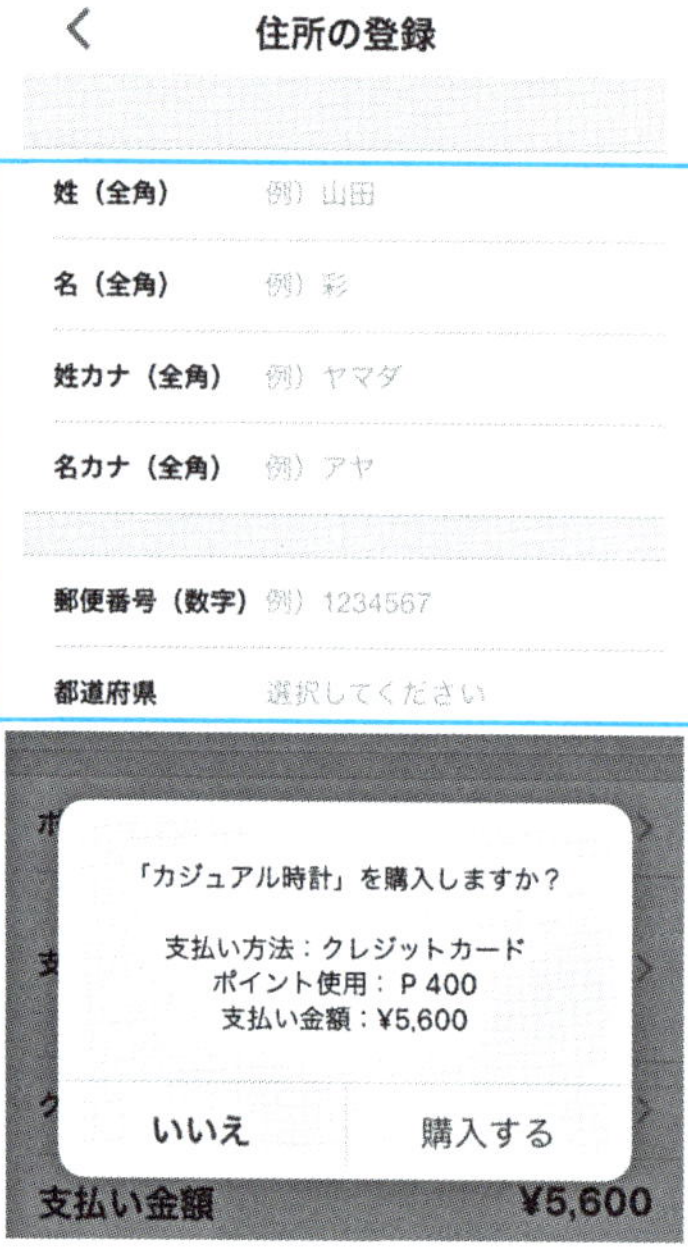

住所登録をする

以上で、購入が完了しました。

↓

⑤あとは、出品者から発送の連絡を待ち、品物が届くのを待ちます。

次に品物が届いたら、中身を確認します。

↓

⑥必ず、出品者への「評価」をしましょう。

また、同じように購入者も評価をされます。メルカリでは、双方の評価がなければ、代金の受け渡しもスムーズに行われないルールになっています。

一般的な店舗や通販の買い物の場合と異なり、出品者側は個人がほとんどです。ビジネスとしてやっている人もいますが、ちょっとした副業やおこづかい稼ぎ程度の人も少なくありません。良心的な値段で品物が流通している場ですから、出品者も購入者もお互いに気持ちよく売買するために、しっかりとルールは守りましょう。

出品してみよう！これが稼げるフリマアプリの流れだ【出品の仕方編】

先ほどは購入する場合の手順で、メルカリの一連の流れを説明しました。今回はいよいよ出品する場合の手順で説明しましょう。

メルカリのアプリを開いて、右下のカメラマーク「出品」とある部分をタッチします。すると、「本人情報の登録」画面が開きます。

住所・氏名を設定します。なお、個人情報の登録、取扱については、メルカリ側から「お客さまのあんしん・あんぜんな取引のため、本人情報（住所・氏名・生年月日）のご登録をお願いいたします。」と説明があります。登録に不安を抱いた人は、注意書きを読んでおきましょう。

〈チェック①〉
本人情報の登録をする

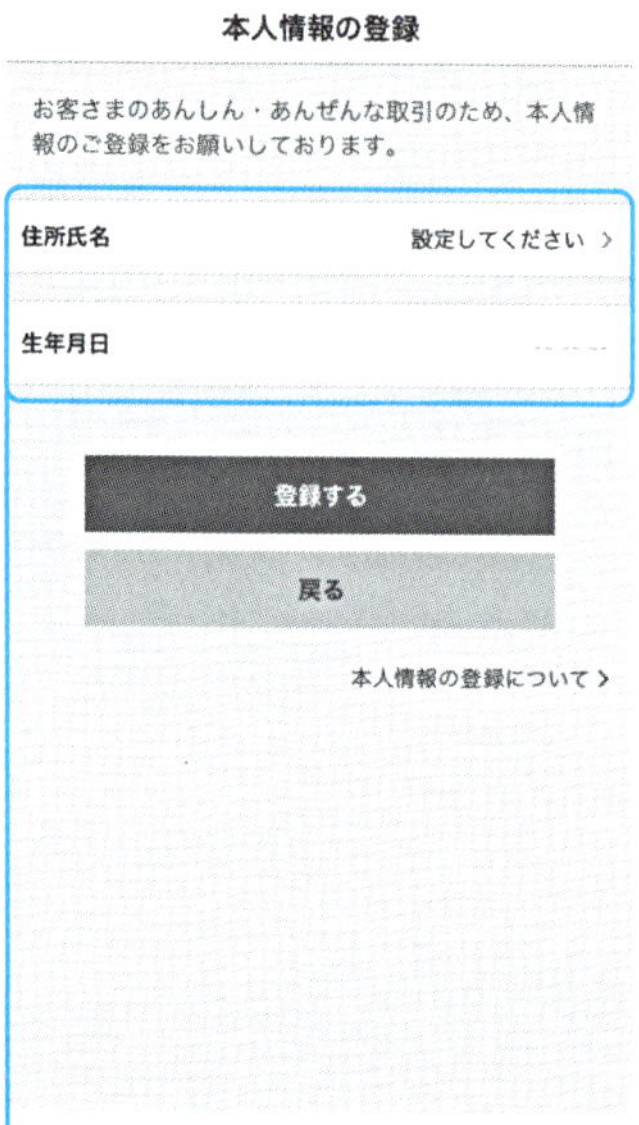

住所・氏名・生年月日の登録をする

本人情報登録ができたら、出品してみましょう。
ここで簡単に出品するときの流れを説明しましょう。

1. 出品する

売りたい商品の情報を入力します。商品写真は必須ですので、自分が出品したいものを用意します。

そしてスマホで撮影します。

一つの品物に対して、最大4点まで写真を掲載することができます。

〈チェック②〉

商品の情報を入力する

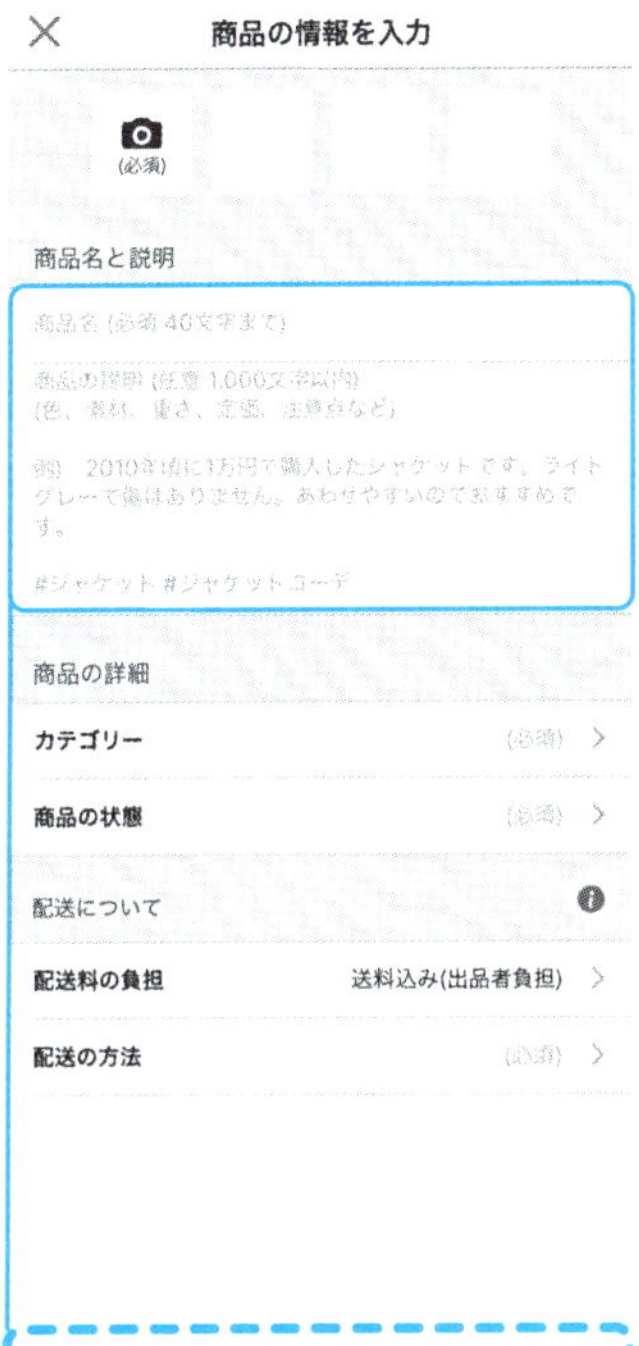

商品名と説明文を入れる

〈チェック③〉
まず出品したいものをスマホで撮影する

売りたいものを出品する

スマホで簡単に撮り直しができますから、できるだけキレイに、またロゴマークなどのポイントはズームアップして撮るなど、4枚で品物の魅力が伝わるようにします。

次に、「惹きつけるタイトル」（40字）をつけます。せっかく出品するのですから、多くの人の心に刺さるようなタイトルが欲しいところです。

ところで、品物のタイトルですが、「本・CD／DVD／BD／ゲームソフト」に関しては、バーコード部分をカメラにかざして簡単に入力することが可能です。

画面右下に表示される「出品」ボタンをタップすると、「写真を撮る」「写真アルバムから選択」「バーコードで出品（本など）」の選択表示が出ます。

ここで、バーコードで出品を選ぶと、スマホのカメラが起動して、チェック④のように、バーコードが画面中央に表示されます。

出品しようとする本（もしくはＣＤやゲーム類に限る）のバーコード部分を、この画面のバーコード表示に重ね合わせると、アプリ側で自動的に本のタイトルを入力してくれるのでとても便利です。

〈チェック④〉

本などはバーコードで簡単に入力できる

バーコードで出品を選ぶとスマホ中央に表示される。
本のバーコードをここに重ね合わせると自動的に書名が入力できる

また、品物の特徴の説明（1000文字以内）も、選ばれるための重要なポイントになります。

ここもしっかり記入しましょう。大切なポイントは、色、素材、重さ、サイズ、定価などになります。例えば、「2017年の10月に1万円で購入したポロシャツです。紺色ベースで、襟と袖口はトリコロールカラーになっています。左胸と左腕上にワンポイントのロゴマークがついています。」という具合です。

最近は、ハッシュタグをつけることもできます。ハッシュタグをつけることで、品物を検索する人は探しやすくなります。

〈チェック④〉

商品名と特徴を記入する

品物に関連したハッシュタグをつけることも売りやすくする工夫のひとつです。

https://www.mercari.com/jp/help_center/article/62/　参照

〈チェック⑤〉
商品の情報を入力する

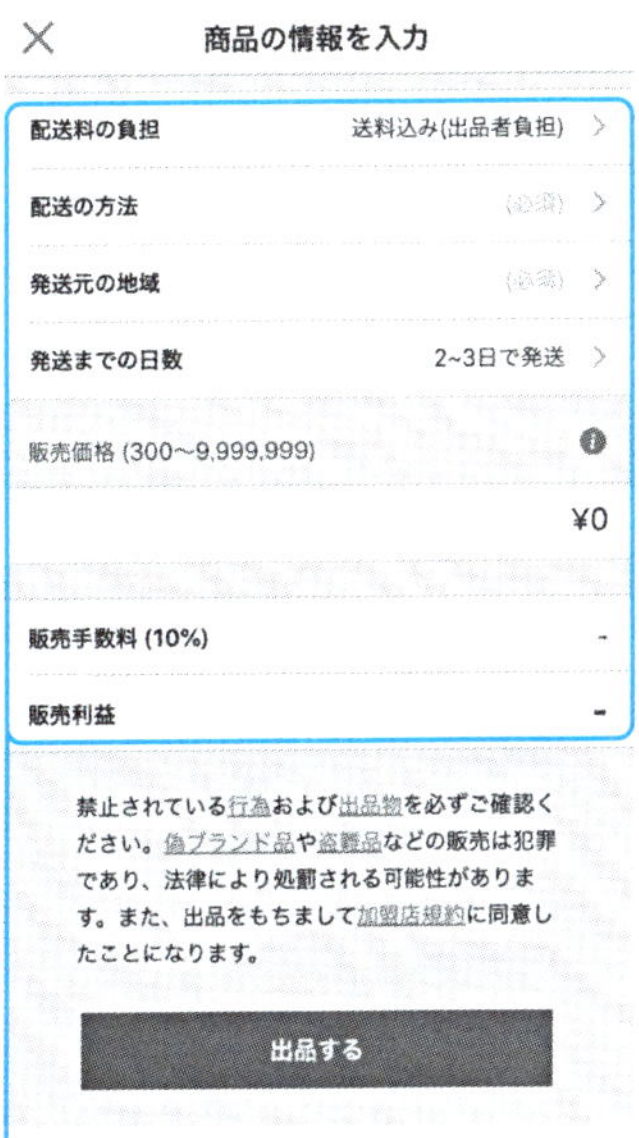

配送料の負担、配達の方法、発送元の地域、発送までの日数、販売価格を入力する

商品の情報は、「タイトル」や「商品説明」のほかにも「配送料の負担」や「配送の方法」「発送元の地域」「発送までの日数」そして、肝心の「販売価格」を入力します。

配送料の負担は、出品者が負担する「送料込み」を選ぶといいでしょう。買い手は、送料が別途かかると購入を手控える傾向が強いためです。

配送の方法は、簡単な「メルカリ便」がおすすめです。全国一律で一定料金で配送してくれるため、配送料の負担が少なくてすみます。その分、利益が出ますから。

そして、買い手が気にかけるのが、「発送までの日数」です。できれば、「2〜3日で発送」を選ぶといいでしょう。買い手にとっては、購入してから品物が到着するまでが待ち遠しいのです。購入したら、すぐ手に入れたいというのが、購買者の心理です。ただし、2〜3日で発送できないのであれば、無理に最短にする必要はありません。

むしろ、「2〜3日で発送」としていたにもかかわらず、4〜5日で発送した場合、購入者からクレームが来ます。また、出品者としての評価を下げられる原因になります。自分で確実に発送できる日数を選んでおきましょう。

販売価格は、高すぎず、安すぎず、適正価格にするのが理想です。同じ品物や似た品物が、いくらで売買成立したかをチェックしてみましょう。値付けについては、第2章や第3章で詳しく紹介しているので、そちらを参考にして売価を設定してください。

2. 品物が購入される

出品した品物が購入されれば、購入者によって代金が支払われます（アプリ内で決済できるので金融機関に出向く必要がありません）。

3．発送する

品物を梱包します。ビニール袋やデパートの紙袋などで品物を梱包します。梱包材料は家庭にあるものを再利用し、できれば購入者へのお礼のメッセージカードをつけて発送しましょう（お礼のサンクスメッセージカードについては、96～97ページに紹介しますので、詳細はそちらをご覧ください）。

発送したことを購入者に連絡します。品物の発送は、「メルカリ便」を利用して、定額で送るようにすると便利です。

メルカリ便には大きく6つの特長があります。①宛名書きが不要、②全国一律の送料、③対応サイズが幅広い、④配送状況が確認できる、⑤あんぜん匿名配送を実現！、⑥万一に備え、あんしん配送補償があります。

上場企業のメルカリだからこそ、大手配送会社と組んだ独自のサービスが活用できるというわけです。「らくらくメルカリ便」はクロネコヤマトが配送します。そして、もう一つ「ゆうゆうメルカリ便」は日本郵便が配送するサービスです。

4. 購入者に品物が届く

荷物を受け取り、「受け取り確認」と出品者の「評価」をします。

5. 出品者が購入者の評価をする

購入者を評価します。

6. 支払い・入金

出品者、購入者の双方がお互いに「評価」をした後、メルカリから売買代金が支払われます。

https://www.mercari.com/jp/help_center/getting_started/transaction_flow/ 参照

販売手数料と送料はここに注意しよう！

メルカリのフリマアプリで出品したものが売れた場合、手数料がかかります。メルカリのアプリのダウンロードや使用に関しては無料ですが、実際に売買が成立すると販売手数料として代金の10％が引かれます。

例えば、５０００円で出品したものが売れたとしましょう。メルカリの手数料は10％に当たる５００円。

したがって、手元に入る代金は、手数料を引いて４５００円。このほかに品物を発送するので、その料金が別途必要になります。

送料は、品物の大きさや重さで変わってくるため、あらかじめ出品する際には、負担送料分と手数料代を考慮して、値段をつける必要があります。

そうしないと、意外な送料がかかってしまい、出品したものが売れたのはいいのですが、最終的に赤字になって損することになりかねません。

さて、メルカリでの出品に関する全体の流れをざっと説明しました。

詳細はこれから説明しますが、まず全体の流れをつかんでいると理解しやすいと思います。

メルカリに出品できないものを知っておこう！

メルカリの基本ルールを知っておきましょう。

メルカリはネットのフリーマーケットです。出品する人がいて、購入する人がいます。会員であれば、出品も購入もできます。

ここで知っておいて欲しいことは、出品してはいけないものに関してです。メルカリのサイトのQ＆Aでも紹介されている、次のような品物は出品が禁止されています。表にまとめておきますので、目を通しておきましょう。

基本的には、偽ブランド品や盗品のほか、現金類や商品券、転売目的のチケット、情報商材や個人情報、生き物、医薬品や危険物、アダルト関連品などで、一般的に売買に不適格と思われるものや法律に触れるものは出品できません。

禁止されている出品物

▼偽ブランド品、正規品と確証のないもの
▼知的財産権を侵害するもの
▼盗難品など不正な経路で入手した商品
▼犯罪や違法行為に使用されるまたはそのおそれのあるもの
▼危険物や安全性に問題があるもの
▼18禁、アダルト、児童ポルノ関連
▼公序良俗、モラルに反するもの
▼下着類、スクール水着、体操着、学生服類などで使用済みのもの
▼医薬品、医療機器
▼許認可のない化粧品類や化粧品類の小分け
▼法令に抵触するサプリメント類
▼保健所許可や営業許可のない食品、開封済みまたは到着後1週間以内に消費（賞味）期限が切れる食品
▼たばこ
▼農薬
▼現金、金券類、カード類
▼チケット類
▼領収書や公的証明書類
▼ゲームアカウントやゲーム内の通貨、アイテムなどの電子データ
▼物品ではないもの（情報、サービスの提供など）
▼手元にないもの
▼福袋（内包される商品の名称や写真がないもの）
▼所有者の変更登録が直ちにできないまたはそのおそれのある自動車やオートバイ
▼試作品（商品サンプル）の掲載がないオーダーメイド品
▼象牙および希少野生動植物種の個体などのうち、種の保存法により必要とされている登録がないもの
▼アクティベーションロックやネットワーク利用制限のかかった携帯端末、残債がある携帯端末、契約中の携帯端末

https://www.mercari.com/jp/help_center/getting_started/prohibited_items/#a1 参照

主な違反商品

　メルカリ事務局で不適切と判断されるものは、次のようなものになります。

▼危険ドラッグ類
▼生き物
▼個人情報
▼ＭＬＭ（マルチレベルマーケティング）商品
▼情報商材
▼人体、臓器、細胞、血液またはそれに類するもの
▼ハードウェアウォレット
▼その他、違法物全般
▼出品画像や商品説明などが不快とみなされるもの
▼トラブルの原因になるとみなされるもの
▼いたずら出品とみなされるもの
▼違法行為、違法商品の販売等の幇助にあたると判断するもの
▼利用規約に抵触するとみなされるもの

〔メルカリガイドより、一部引用〕

https://www.mercari.com/jp/help_center/getting_started/prohibited_items/#a1 参照

　これらのほかの違法商品、またメルカリ事務局で不適切と判断される商品は、出品が禁止されています。出品しても削除されることがあります。出品してよいものかどうかわからない場合は、メルカリに問い合わせて確認を取れば安心です。

第2章
メルカリで稼ぐコツ【実践編!】

コツをつかめば、5分で出品完了！

いよいよ、ここから実践編です。

メルカリで出品した品物を確実に売るには、コツがあります。そのコツを知っていて始める人と、知らずに出品する人とでは、売買のスピードも回数も評価も断然違って来ます。しかも慣れれば、出品は5分でできますし、すぐに売れて稼げます。

実際、私のセミナーに参加していて、面白いようにメルカリで稼いで、副業を経て、いまでは独立して古物商になった人もいます。

すぐに売るコツは、写真の撮り方にあり！

メルカリで取り扱われている品数は、1日で相当の数にのぼります。新着の品物がアップされると数秒のうちにさらに新たな出品の情報が画面に現れます。

売りたい品物が目の前にあるとき、どうすれば、その品物を魅力的に感じさせることができるでしょうか？

まずは1枚目の写真が重要なのです。

写真によって売れ行きにはそれほど差がないと思うかもしれませんが、写真の撮り方で、すぐに売れるかどうかがわかれます。

多くの出品があるメルカリの中で、1人でも多くの人の目をひくことが、購入者を見つける最短の方法です。

そのため、写真はできるだけきれいに撮りましょう。1枚目の写真は特に重要ですから、ベストショットを掲載しましょう。とはいえ、プロの写真家ではないので、写真に詳しくなる必要はありません。

ここは、スマホの高性能カメラに頼ります。

そこで、カメラの角度やズームアップなどを変えて数枚撮ってみましょう。それらを見比べて、一番キレイだと思う写真を選ぶだけでいいのです。

数枚撮って、気に入らない場合には、もう一度撮り直せばいいだけです。撮影する場所を変える、品物の置く向きを変える、正面からではなく角度をつけて撮るなど、ちょっとした工夫をしてみるだけでも写真の見栄えは変わります。

1枚目の写真をキレイに撮ることにこだわるのは、ショーウィンドーの中で一番輝いている品物に見せるためです。

すぐ売るための写真とは、**「買い手が見て、欲しくなる」**ような写真なのです。インスタ映えするような印象的な品物の写真が掲載できれば、同じ品物でもキレイな写真のほうが売れるのです。

「そう言われても、うまく撮れません」

「いいと思っても、自信がありません」

そういう人には、ほかの人のマネをすることをおすすめしています。自分が出品しようとしている品物と同じような出品を探します。そして、その中で目をひく写真を見つけてください。

その目をひいた写真がどんな感じで撮られているのか、それがわかれば写真は上手に撮れるようになります。

「目をひく写真のマネをしてみよう」

これが、写真上手になるコツの一つです。

●1秒で目をひく写真を撮る!!

✕

Ⓐ 一発で印象に残らない

タイトルが光って一発で読めないし、正面すぎて印象に残らない。

○

Ⓑ タイトルに寄ってみる

わざと目立つようにタイトルに寄って撮る＝目立つ。

○

Ⓒ 思い切って振ってみる

わざと振って（＝角度をつけて）動きを出すことで第一印象に訴える。

見やすくてきれいで、目をひく写真の撮り方

目をひく写真は、見やすくてきれいで、ほかの写真と比べて目立っています。例えば、出品する本は、どこで撮るのがよいでしょうか？

テーブルの上、床の上、本棚に立てかけて……。

どこでも構いませんが、品物の背景にはほかのものが映り込まないほうがスッキリします。本棚の前に置いて撮ると、出品する本の後ろにある本のタイトルが気になります。

写真がきれいに撮れても、主役の品物以外に気が散るようなものが映り込んでいる場合は、マイナスになることをおぼえておいてください。

◎「品物の背景は、スッキリさせておく」

基本は、白シーツや画用紙の上に置いて撮るということです。品物が引き立ちます。これも上手な写真を撮るコツです。ちなみに、通販カタログなどでは、壁が真っ白なスタジ

オで撮影していますから、品物の背景が何もないようにスッキリしています。

本を撮る場合でしたら、アイロン掛けをしたシワのないシーツや無地のテーブルクロスの上に本を置きます。そして、本の真上、もしくは斜め上から撮ってみましょう。

さらに、小物を使うテクニックもあります。100円ショップで売っている絵皿を飾るためのスタンドや、小さな額縁を載せて飾るミニイーゼルです。

飾り皿やCD、DVDのパッケージを立てて飾るのにも最適の小物ですが、本を置くこともできます。同じように、金属製のブックスタンドを利用して本の支えに使うこともできますね。

特別なものを使わず、身近にあるものを活用するのも楽しみになります。

こうやって、さまざまな小物を使えば、品物の正面を向けて撮りやすくなり、撮る角度も変わります。他の人と違う写真が撮影可能というわけです。

◎「ほかの人の写真と差別化した写真を撮る」

ほかの写真と違った角度や雰囲気に見えれば、たくさんの出品写真の中でも目に留まりやすくなります。これも上手な撮影のコツなのです。こうした小物を使うことで、ちょっとした変化が感じられる写真が撮れるのです。

それから細かい注意点を二つ説明しておきましょう。これは、意外に見落とされがちですが、撮った写真に映り込みがないかを必ずチェックする——ということです。

プロも納得するテクニックで差をつける！

スマホのカメラには、現在、プロが使うデジタル一眼レフカメラに負けない機能が搭載されています。もちろん、細かな違いはたくさんあるのですが、簡単に使いこなせるという点では、スマホのカメラはとても優秀です。

もう一つ優秀な点は、さまざまな画像加工アプリが使えることでしょう。

無料のアプリも多いので、評判のいい使いやすそうなものを選んで、実際に試してみることもおすすめです。

特にインスタグラムをやっている女性などは、撮影した写真を必ず加工してアップするほどで、画像加工アプリの操作には慣れている人も多いでしょう。

◎「無料の画像加工アプリを使って、写真加工をする」

画像加工アプリを使うと、色変換のほか、雰囲気やトーンを変えることも簡単です。文字を入れることもできるので、ポスター写真のように仕上げたいときには役立ちます。

ただし、あまりにも加工しすぎて、購入者の手元に品物が届いたときに「写真とあまりにも違う」とクレームが来ることも考えられますので、加工しすぎないようにする注意も必要です。

知りたい情報を写真で伝える！

写真は、言葉で伝えられないものを一瞬で伝えることができます。どんな形状で、どんな色やサイズ、材質や質感なのか。それは写真でしか伝わりません。

あなたが出品した品物をスピーディーに売るためには、購入者が一瞬で欲しくなる魅力的な写真を掲載することです。それが1枚目の写真です。

そのためのコツはすでに紹介しました。

出品のための写真は4点掲載できるわけですが、1枚目でひきつけることに成功すれば、2枚目以降の写真も見てもらえます。

では、2枚目から4枚目までは、どう撮影すればいいのでしょうか?

ヒントは、購入者の目線になってみることでしょう。

◎「サイズが一発でわかる小道具を用意して撮影する」

1枚目でキレイな目立つ写真だとすれば、2枚目以降は、その品物の詳細情報がわかる画像です。

例えば、写真を見ただけで、サイズ感がわかりますか?

本を例にあげれば、単行本(ハードカバー、ソフトカバー)、新書版、文庫本などサイズの異なるものがあります。

単行本といっても、大判の写真集もあれば、小説の単行本もあり、サイズが違います。

一例にすぎませんが、新書版や文庫本と並べて、大判写真集のサイズ感を伝えることもできます。

また、フィギュアやミニカーなどであれば、タバコ1本や10円玉を並べてもいいし、一般的なボールペンと一緒に比較して撮影することで、写真を見る人には大きさが予想できます。

品物の撮影時に、サイズ感が伝えられる小道具を用意しておくこともコツの一つです。

◎「キズの有無、質感などの細部を撮影する」

ブランドバッグの場合なら、どうでしょうか？

2枚目以降は状態など、気になる細かい部分の情報が伝わる写真が望まれます。開閉する部分の状態、表面のキズの有無、バッグ内の質感やポケット（ジッパー付きなら、その目の細かさがわかるもの）のアップ写真も見たいでしょう。

このほか、ウラ面や底面、付属品のショルダー用のストラップなどもあれば写真で紹介します。こうすると購入者への配慮が行き届いた写真になります。

売れ筋のよいファッションやブランド品では、品物の状態やキズの有無、シルエットがわかる写真を用意することで、購入者は安心して求めることができます。

タイトルで「売る」

メルカリの中でも、よく売れる人とあまり売れない人がいます。その違いは出品している中身の違いだけではありません。理由は色々考えられます。出品した写真のキレイさや目をひく工夫もあるでしょう。

さらに重要なことは、「タイトル」です。

もう一度、購入者の気持ちになって考えてみましょう。最初の数秒で数ある出品の中から、目立つ写真をタップしてくれたとします。興味を持ってその品物を選んだわけですから、次に詳細な情報を知りたくなります。

これがリアル店舗なら、すぐに手に取ってみて、手触りで質感や重さ、ニオイなどをつぶさに調べることもできますし、お店のスタッフに色々尋ねることもできます。

その点、ネットの場合では、そうしたことができません。頼りになるのは、**「具体的な**

説明文」しかないのです。

そうです、写真の次は、**「タイトルと説明文が品物選びのカギ」**になります。では、タイトルの重要性と売るためのタイトルづくりのコツを紹介しましょう。

タイトルは、40文字内に、出品するものの特長をできるだけ、ぎゅっと詰め込むのが基本です。

逆に、してはいけないことは、品物に関係のないワードを使うことです。メルカリで購入しようと品物を探している人たちは、時にキーワードで検索します。品物に関係ないタイトルがつけられていると、検索したときに表示されなくなります。

品物の特長を40字内に詰め込むには、言葉の選び方が重要です。エッセンスを詰め込む作業になりますが、これが、今後の「スマホ副業」を続けるうえで、とても役に立ちます。

タイトルの40文字の中でも、はじめの14文字にこだわってください。写真と同じで、最初に目に飛び込む14文字のキーワードが、心に刺さるかどうかで、売れるかどうかが決まるのです。

例えば、新品で未使用品であれば、**「新品」**や**「新品未使用」**という言葉を必ず入れます。

購入者にとって好条件になるキーワードは、入れるようにしましょう。購入を考えている人は、ネットの中の出品を見ても、説明がなければ新品か中古品かもわかりません。

新品を探している人は、「新品」というキーワード検索をするため、新品と説明文に書き入れていると、検索結果に表示されます。

◎ジャンク品は売れ筋商品！　捨てたらダメ!!

驚かれるかも知れませんが、**「ジャンク品」**という言葉もよく検索されるキーワードの一つです。タイトルのはじめに、この言葉があるだけでバカ売れすることもあるのです。

これは意外にもジャンク品を探している人が多く、キーワード検索に使われるためです。壊れたパソコンや携帯電話のように、使用できない不良品であっても、メルカリでは売れるのです。壊れている品物から、使える部品だけを取り出すためにジャンク品を探す人は少なくありません。

ですから、故障した家電製品でも出品するとジャンク品として売れるわけです。

「新品」「未使用」「ジャンク品」のようなキーワードは、バカ売れキーワードの一部です。こうした言葉をタイトルに入れることで、検索結果に表示されやすくなり、購入動機へと

売れるコツ

「バカ売れキーワード」を使ってみよう！

新品　新品未使用　ほぼ新品　超美品　新品同様
正規品　本物保証　鑑定済み　動作確認済み
送料無料　即日発送　即購入OK　タイムセールス
週末セール　希少　激レア　コレクション
強運　幸運　招福　残りわずか
売り尽くし　人気　最新　新作
非売品　最安値　激安　特価
破格　半額以下　処分　大放出
おまけ付き　特売　ギリギリ価格　最終価格
訳あり　今すぐ　おすすめ　びっくり

つながります。前ページに、代表的なキーワード一覧を掲げますので、タイトルや説明文を作成するときに使ってみてください。

1秒で買う気にさせる「商品説明文」のコツ

タイトルが、キャッチーな言葉で目をひく役割を持っているのに対して、「商品説明文」は、出品したものがいかに魅力的なものであるか、それをストレートに伝え、買う気にさせる役割を持っています。

実は、出品した写真が目に留まって、タイトルまで読んでくれれば、半分以上は買う可能性があると考えていいでしょう。

あとは「価格」と「商品説明文」次第です。

最大文字数は1000文字。400字詰めの原稿用紙に換算して二枚と半分です。

1000文字すべてを書く必要はありませんが、商品の説明文だからといって、その品物（スペック・性能）についての説明だけでは、同じ品物を出品している人も同じような説明をしている可能性が高く、説明文を読んでいるだけでは違いが出ません。

そこで、ちょっとしたスペシャルなエピソードを盛り込みます。これだけで、購買意欲をぐっと高め、購入を迷っている人の背中を押してあげることができます。これがコツなのです。

◎「ほかの品物とは違う、スペシャルなエピソードを盛り込む」

スペシャルなエピソードとは、どういうものでしょうか？

そう聞かれると困るかもしれません。

「だって、もう不要品だと思ったから売るのに、エピソードを求められてもなあ……」

「語るほどのエピソードなんてないわ。気に入って使っていたけれど、もう使わなくなったから売りに出しただけ」

反応はさまざまでしょうが、誰もがエピソードを持っていることに気づいていません。

例えば、「気に入って使っていたけれど」という**個人的なエピソードが、スペシャルなエピソードになる**のです。

メルカリに出品しているのは、個人の方が多く、その多くは不要品の販売目的です。リアル店舗と異なり、なぜ、その品物を売っているのか理由を知りたい人もいます。簡単な理由で構わないのです。

例えば、「新しい機種を購入したので、販売しました」とあれば、出品物が不要品になった理由がわかる。「だから、この割安な値段で売ろうとしたのか」と納得できて購入しやすくなります。

先に紹介した「バカ売れキーワード」を組み合わせた事例を紹介しましょう。

私の主催したセミナーの参加者が、ある財布をメルカリに出品しました。特に目立つほど特長のあるものではありませんし、似たような財布が同じような価格で出品されていたそうです。

ところが、私のセミナーを聞いて、タイトルや説明文を書き換えたら、すぐに売れたと大喜びでした。

その方は、財布のタイトルに、**「強運」のキーワード**を入れていました。その理由を説明文にエピソードとして盛り込んでいました。

・「この財布を使っているときに宝くじを購入したら、5等1万円が当たりました！」

財布の素材やカード入れの枚数、使用期間、ブランドなどの説明をするより、この宝くじのエピソードが、財布を探している人の心にきっと刺さったに違いありません。

「幸運にあやかろうという気持ち」に訴える効果を狙うこともコツになります。もう一つ似たような事例を紹介します。

本の出品は、売りやすく、買いやすいために人気のカテゴリーです。出品数も多いので、選ぶ側も迷います。しかし、コツをつかんだ人ならすぐに売ってしまいます。ある恋愛の本を出品した人は、次のように説明文に書き込みました。

- **「この恋愛の本を読んだ後、すぐに彼氏ができました」**

読後の感想を語るより、このエピソードはインパクトがあって、とても魅力的です。これも幸運にあやかろうという気持ちがはたらいた好事例でしょう。

【売れるコツ】▼プラスの情報は必ず入れよう！

説明文の書き方にもコツがあることがわかったでしょうか？　スペシャルなエピソードを盛り込むことが購買意欲を高めることになります。洋服を出品する場合なら、「すごく気に入っていたのですが、サイズが合わなくなって出品しました」といった具合です。そして、より具体的にするのであれば、次のようなプラスの情報を入れます。

- **購入した場所、お店**
- **金額（購入時）**
- **状態を説明**
- **使用状況**
- **何年使ったのか（洋服の場合は、クリーニング済みかどうか）**

また、アレルギー体質や神経質な人のために次のような情報も入れるとよいでしょう。

- **タバコを吸わない**
- **ペットを飼っていない**
- **買ってから袖を1度通しただけ（試着しただけ）**

本やコミックの場合なら、

- **1度読んだだけ**
- **カバーをしたまま保存（積ん読状態でした）**

こういう情報を盛り込むと、品物にタバコの臭いはついていないだろうと安心してもらえますし、犬猫アレルギーの方にとっては健康不安を抱かずに購入できます。

ほぼ未使用やカバーしたまま手つかずの品物だとわかれば、状態のよさ、手垢もついていないだろうという好印象を与えます。

もう少し、続けましょう。例えば、中古の財布を出品する場合なら、次のような感じで気になるポイントが出てくるはずです。

・小銭入れのところに汚れはあるか？
・カードは何枚入るのか？
・お札入れのところの縁に糸のほつれはあるか？
・コイン入れのフタ部分はよれていないか？　ホックは止まるか？
・財布の表面にキズはないか？
・革の色褪せなどはないか？

出品する以上、品物のチェックには責任があります。こうしたポイントを確認しておくことで、売り物として自信を持って出品できることになります。

では、マイナスの情報については書かないでおくのが得策なのでしょうか？

答えは「ノーです」。デメリットがある場合は、明記することがトラブルを避けることになりますし、かえってプラスの情報を補強してくれることにつながるのです。

例えば、洋服の場合なら、

・どこにほつれがあるか
・傷があれば、どの位置で、どのような傷か
・色褪せなどはあるか
・ボタンが欠けているなど（スペアボタンなし）

細かいことですが、そういった情報を知らせないで品物を送ると、購入者は「傷物を送られた」「思っていたのと違う」などの気持ちを抱き、騙されたという被害意識を持ちかねません。出品者側は、ちょっとだけの傷だから書かなくてもいいかと思っていても、購入する人の意識は違うのです。

マイナス情報を明記しないと、「評価」に影響したり、「返品希望」になったりします。せっかくメルカリで稼ごうと考えていても、売買のトラブルになってしまうと、思うように稼ぐことができないばかりか、返品対応に手間がかかってしまったり、ろくな結果になりません。

こうしたキメ細かな対応が、毎月5万円、10万円を稼ぎ続けることのできるいい流れを

つくります。説明文にエピソードやプラスとマイナスの情報を盛り込むことを心がけ、買う側に判断材料となる情報をできるだけ多く提供して〝購買意欲〟を刺激してください。

すぐに売れる値段の決め方！

この本を読まれているあなたは、実際にメルカリで品物を購入した経験がありますか？ヤフオクや他のフリマでの購入経験でも構いません。

もしも一度も購入したことがないのなら、ぜひ利用してみることをおすすめします。なぜなら、**自分で購入すると、買う人の気持ち、チェックするポイントがよくわかるようになるから**です。

例えば、この本をメルカリで購入するとしましょう。

本のタイトルを検索するため、本のタイトルをメルカリの検索画面に入力します。すると、出品されている同じ本、または類似の本が表示されます。

次に値段を見て比較するでしょう。

1000円で出品している人、500円で出品している人、ひょっとすると2000円（美品）で出品している人もいるかもしれません。

次は、品物の状態をチェックするでしょう。

500円と1000円の状態を比較します。

帯はついているのか？

表紙の擦れや汚れはないか？

書き込みや線引きはないか？

折り目はないか？（しおり代わりにページの端を折り込んでいないか）

日焼けなどは？（経年劣化や保存場所で紙焼けしていないか）

そして、出品者（販売者）の評価を見ると思います。

どんな人が出品しているのか？

取引は多いのか少ないのか？

「評価」に「悪い」はないか？（あるとすればどういう内容か）

いかがですか？　実際に品物を購入する際に、**「あなたが気になったところ」**――それが購入する人の視点なのです。
つまり、買う側の視点を意識して出品をすれば、どんどん売れて稼げるというわけです。

損をしない「価格」は、送料と手数料を考えて決める

メルカリで品物を売っておこづかいを稼ぐつもりなら、相場を知り、売れる値づけをすることが必要です。

まずメルカリで品物を販売すると、**メルカリに代金の10％手数料を払う**ことになります。初心者に多いのですが、売ることばかりに注意が向いてしまい、手数料や送料を忘れてしまっている人もいます。

品物によって送料は異なります。したがって、品物の価格設定を考えるなら、「送料」とメルカリの「手数料」を先に想定しておきます。その上で、品物の価格をつけるのがよいでしょう。

例えば、初心者の人でも比較的売りやすいのが本です。本には、文庫本やコミックのよ

うなサイズもあれば、写真集や百科事典のように大判タイプのものや重量もかさばるものもあります。

本だからといって、送料が安いと思っていると、意外とかかることもあるのです。分厚い本なら、500円くらいの送料になることもあります。

○品　物：本（大版辞典）
○価　格：300円
○手数料：30円（価格の10％）
○送　料：500円
○売上金：270円（300－30＝270円）
▼利　益：**マイナス230円**

こうやって、書き出してみると赤字になることがわかりますが、最初は売買が面白くて送料部分で持ち出しになっていることに気づかないこともあります。

特に、メルカリでは、価格は送料込みで販売しているケースが多く、また購入者側も送料込みで探す傾向があります。だからこそ、初めに送料を考えた値づけが必要というわけです。

先ほどの失敗事例を修正するなら、次のようにします。

○品　物：本（大判辞典）
○送　料：500円
○手数料：90円（価格の10％）
○価　格：900円（＝送料＋手数料＋実際の品物代）
○売上金：810円（900－90＝810円）
◎利　益：310円

最初に送料を調べ、それに品物代金を加えて「価格」の目安にするといいでしょう。
なお、価格の10％を売買の「手数料」としてメルカリに引かれることも忘れないようにしましょう。

いかに〝適正価格〟の値づけができるかが売るコツ

販売価格はスマホを使って、メルカリ上で調べることができます。

まずは、虫めがねマークの検索部分に、「商品名　機種」を入れます。

例として、前に出てきた香水でしたら、「CHNEL　No.5　PARFUM　香水　7㎖」という具合に入れます。そうするとたくさん品物が出てくると思います。

そうしたら、次に

・「販売状況」

・「売り切り」

にチェックを入れます。

すると、今までメルカリで販売された価格がわかります。

また、「商品の状態」は次のような5段階になっています。

・「新品・未使用」
・「未使用に近い」
・「目立った傷や汚れなし」
・「やや傷や汚れあり」
・「全体的に状態が悪い」

この中から　自分の出品しようと思っている商品の状態を選びます。

そして、

・「並べ変え」
・「価格の高い順」

を選びます。すると、スマホの画面上で、いままで売れた高い順に並べ変えられます。

売るコツは、「売れている相場よりほんの少し安く出品する」ということです。これだけで売れやすくなります。

これは、購入する方の中には、「メルカリ内で、過去にいくらぐらいで販売されていたかを調べる方もいるから」です。

例えば、今まで１０００円で売れている品物であれば、９９０円の価格にすれば、今までより安いということで、すぐに買ってくれます。買うほうもできるだけ〝お得に買いたい〟というのが購買心理です。

梱包の仕方で「評価」に差をつける！

品物が売れたら、発送のために梱包します。品物をどう梱包するかによって、大きく「評価」は変わります。

一度切りの売買であれば、少々雑な梱包でも受け取ってもらえるかもしれません。しかし、継続してこれから副業で稼ごうと思うなら、売買しやすくするためにも「評価」ポイントをアップすることを考えるべきです。

すでに紹介していますが、売買が成立すると、出品者と購入者がお互いに「評価」をします。後ほど、この評価について詳しく解説しますが、評価を高くしてもらうためにも、

「梱包は丁寧に、発送はすみやかに」そして「きれいに」

といわれます。これは購入者側の気持ちになれば当然のことでしょう。もしも購入した品物がいい加減な梱包で届いたら、がっかりするでしょう。また、梱包がしっかりしていないために、輸送中に品物が破損することも考えられます。

そこで、梱包は丁寧に、しっかりしておきましょう。例えば、緩衝材を使って品物の保護をします。１００円ショップにも売っていますが、家にあるものを再利用すればコスト削減になります。

段ボールが必要な場合には、近くのスーパーやコンビニから無料でもらいましょう。段ボールは、汚れていないもので、発送する際に適度なサイズを選ぶことです。サイズが大きすぎると、緩衝材を多く詰める必要がありますし、送料も高くなります。

また、メルカリ便の専用封筒で簡単に送れる本やCDでも、梱包なしにそのまま封筒に入っているよりも、緩衝材や包装紙、ギフト用ビニール袋などで梱包されていると、買った人の受け取る印象が良くなります。

わざわざ発送用に包装紙などを購入してコストをかける必要はありませんが、ふだんから買い物をしたときやギフト品をもらったときに、その包装紙や袋をきれいに取り置くことで、転用することができます。

プロフィール欄に、

「家庭にある紙袋や包装紙で梱包して発送します」

「梱包にあたっては、リサイクル利用の緩衝材や紙袋を使用します」

と明記しておけば、紙袋等のリサイクル利用でも問題ないでしょう。

コストをかけずに好印象を与える工夫をすることで、メルカリを活用した副業も長続きさせることができます。

また、梱包して発送が整ったら、サンクスメールを送りましょう。

送るタイミングは、購入が決まったら、できるだけすみやかに送るのがベターです。文面は、次のような感じです（コメント例、○○の部分を変更してご利用ください）。

「○○様
この度は、ご購入いただきありがとうございます。
品物は○月○日（予定）に発送いたします。
取引完了まで、短い間でございますがよろしくお願いいたします。」

ここで、明確な発送日がわからなくても、「予定」を示しておきましょう。サンクスメールのポイントは、「いつ発送する」かを記入することなのです。

購入者は支払いを済ませて、品物がいつ届くかを楽しみにしています。

「ちゃんと届くだろうか？」「大丈夫かな？」と不安にも思っています。

そういう不安を打ち消すためにも、感謝の気持ちを伝えるサンクスメールを送り、発送日を連絡することで、安心感を与え、同時に誠実な人だという印象づけもできます。

こうしたちょっとした気づかいが、「良い」評価を多くすることにつながり、これから副業を続けて成功するための最も大切なコツでもあるのです。

“メルカリ便”を使えば発送も簡単

品物の梱包ができたら、発送しましょう。スマホで副業ができる簡便さに対して、品物の梱包、発送が面倒だと続きにくくなります。ところが、メルカリでは、独自の発送サービスを構築して、発送の手間を簡単にしました。

それが**「らくらくメルカリ便」**と**「ゆうゆうメルカリ便」**です。1章でも触れましたが、この特長は、次のように六つあります。

①宛名書き不要
②全国一律の送料
③対応サイズが幅広い（A4～160㎝サイズ）
④確認できる配送状況

⑤安全匿名配送
⑥あんしん配送補償

※「らくらくメルカリ便」は、ヤマトの提供する配送（ネコポス／宅急便コンパクト／宅急便）を利用できるサービスです。
※ゆうゆうメルカリ便は、日本郵便の提供するe発送サービス（ゆうパック／ゆうパケット）」を利用した配送サービスです。
※集荷の場合は、ネコポスは使えません。
※ヤマトの通常送料との差額は、メルカリが負担してくれます。同じく、日本郵便の基本運賃との差額はメルカリが負担してくれます。
※その他の配送方法の場合は配送会社からの補償となる場合があります。
※メルカリホームページ参照

「宛名書き不要」が一つ目の特長ポイントですが、これはスマホで発送方法を選んで「メルカリ便」を選び、「取引画面」から発送方法を選びます。

らくらくメルカリ便・ゆうゆうメルカリ便の違い

	らくらくメルカリ便	ゆうゆうメルカリ便
発送場所	ヤマト営業所、ファミリーマート、サークルKサンクス、セブン-イレブン	郵便局、ローソン
集荷	可能	可能
受取場所	自宅	自宅、郵便局、ローソン、ミニストップ、日本郵便の宅配ロッカー「はこぽす」
対応サイズ	ネコポス、宅急便コンパクト、宅急便60〜160サイズ	ゆうパケット、ゆうパック60〜100サイズ ※はこぽすは長辺54㎝×短辺41㎝×高さ24㎝以内の商品でご利用いただけます

※メルカリホームページ参照（2018年8月10月現在）

サイズ別の配送料金

	ネコポス （A4サイズ、厚さ2.5㎝以内） アクセサリー、スマホケース、薄手の衣類などに ※集荷の場合は、ネコポスはお使いいただけません	全国一律 195円（税込）
	宅急便コンパクト 子供服、小型のおもちゃ、雑貨などに ※集荷の場合は、取引ごとに集荷料30円（税込み）が追加します（配送料別） ※専用資材は別途購入65円（税込） ※ヤマトの営業所にてお買い求めください（一部コンビニでも販売されている場合がございます）	全国一律 380円（税込）
	宅急便 包装資材を含めた荷物の縦、横、高さの合計サイズ 厚手の衣類、くつ、大量の食料品などに ※集荷の場合は、取引ごとに集荷料30円（税込）が追加で発生します（配送料別） ※全て全国一律の税込料金	60サイズ（～2kg）:600円 80サイズ（～5kg）:700円 100サイズ（～10kg）:900円 120サイズ（～15kg）:1,000円 140サイズ（～20kg）:1,200円 160サイズ（～25kg）:1,500円

※メルカリホームページ参照（2018年8月10月現在）

例えば「らくらくメルカリ便」を選べば、ヤマトの営業所またはコンビニ店舗にて、宛名書き不要、レジでの会計不要で、簡単・便利に発送できます。

集荷を選択した場合でも、宛名書き不要です。集荷に来たドライバーへ送り状番号を提示するだけで簡単に発送できます。

「らくらくメルカリ便」と「ゆうゆうメルカリ便」は、ほぼ同じですが、その違いは90ページの一覧を確認してください。

また、サイズ別の配送料金の表を91ページに掲載しましたが、詳しくは、メルカリのホームページの「らくらくメルカリ便」のページを参照してください。

出品時に「評価」を高くするコツ

「あなたは何をされたらうれしいか」、それが良い評価をもらうコツになります。

知らず知らずのうちに人間は自己中心的に考えがちです。しかし、高い評価をもらうには、相手の気持ちを優先することです。

これまで購入者が何を気にするかを解説してきました。それらはすべて売るためのポイントでした。

【写真の撮り方】
【タイトルのつけ方】
【説明文の書き方】

そして、メルカリで売買するにあたって、もう一つ大切なことは「評価」になります。あなたがこれからメルカリを活用して毎月5万円、10万円を稼ごうとするならば、評価を高くすることが大変重要になります。

◎メルカリの評価システムは3段階

メルカリの場合は、

- **「良い」**
- **「普通」**
- **「悪い」**

の3段階で評価することになっています。
この三つの評価の基準は、各個人で異なりますが、一般的には、次のような目安で区分している人が多いようです。

良い◎：問題なし（特に問題なければ、「良い」評価にしましょう）
普通○：問題あり（通常より連絡や発送が遅れた場合「普通」）
悪い▲：極悪（説明と実際の品物の状態、サイズなどが異なる場合、連絡がない、対応が最悪の場合）

なかには、期待以上でなければ「良い」としない人や、予想通りだと「普通」など、厳しい基準でつけている人もいます。
いずれにせよ、評価で「悪い」が多くなると、購入したい人はトラブルに巻き込まれるのではないかと不安になります。そのため、評価を高くする工夫を心がけておきましょう。

評価に「悪い」があると、購入を躊躇する人もいます。

品物の購入を検討していても、わざわざ「悪い」評価の多い人から買いたいとは思わないでしょう。


当然ですが、シンプルに「良い」評価をもらうことが売上に直結します。

同じような品物を同じような値段で売っていれば、評価の「良し」の多さと「悪い」の少なさが目安になるでしょう。


では、「良い」評価をもらうポイントはなんでしょうか。「良い」評価をもらうコツは、「すぐ届く」こと、「丁寧」なこと！ これも購入者の立場になって考えれば、自ずとわかるはずです。

例えば、ネットで商品を購入して、その日や翌日など、すぐに届くとありがたいと思いますし、届くまでワクワクしています。

そこで重要なポイントになるのは、

「いつ発送するかを、購入者に連絡する」ということです。

購入者は品物の到着をとても気にします。不安にさせないことが重要です。

そういう意味でも購入していただいた後には、サンクスメールを送ることが大事です。

すでにサンクスメールの文例（87ページ）も紹介しているので、参照してご利用ください。

さらに、「評価」を上げるためには、やはりお礼の気持ちを伝える「サンクスメッセージカード」を品物と一緒に添えて送ることが大事です。

これは、購入者へのお礼状にあたります。ちょっとしたメモ用紙でも構いませんし、海外旅行したときの絵はがきを活用してもいいでしょう。

購入者が、ワクワクした気持ちで梱包を開けたときに、品物とともに、ちょっとしたお礼の言葉が添えてあるだけで、さらに心証も良くなります。

サンクスメッセージカードは、「数ある品物の中から選び、実際に購入していただいてありがとう」という素直な気持ちの表現ですから、特に気の利いた表現は必要ありませんし、形式的に書くことでもありません。しかし、こうしたコミュニケーションツールを活用していると、買い手は「いい売り手」から購入できたと喜んでくれます。

ここで、その文例を紹介します。

（文例1）

「この度はありがとうございました。

また、機会がありましたら、どうぞよろしくお願いいたします。」

（文例2）

「この度は、良い取引をありがとうございました。

また、ご縁があることを楽しみにしています。」

こうした気持ちを具体的なメッセージカードとして、品物と一緒に梱包しておくと、相手からの評価も上がります。

◎購入者へ、お礼の気持ちを伝えるタイミング

①品物が売れたら、すぐに「サンクスメール」を送る。

②2回目のサンクスメールで、発送予定日を報せる。

③お礼の言葉をつづった「サンクスメッセージ」を品物に添えて梱包・発送する。

④3回目のサンクスメールでは、発送完了を報せる。

⑤購入者から、品物受け取りのメールが来たら、サンクスメールを送る。

購入者とのメッセージのやり取りが3回程度はあるはずですから、少なくとも3回は感

謝を表す「サンクスメール」を意識して送りましょう。

そして、できるだけ品物を発送するときに、「サンクスメッセージカード」を忘れずに添えましょう。あらかじめ、印刷したものでもいいですし、手書きでも構いません。

スマホ副業を続けていこうと思うのであれば、こうしたサンクスメールやサンクスメッセージカードで、お礼の気持ちを表すことは、とても大切なことです。自分自身の評価を上げていくことにつながりますし、購入した人も気持ちのよい取引ができたということで、リピートして購入していただけることもあります。

スマホ副業を続けていきたいというお考えの方は、ファンを広げる活動として、ぜひ、こまめなサンクスメールとサンクスメッセージカードを送るようにしましょう。

質問やコメントには面倒くさがらずに返信をしよう

出品していると、質問やコメントがつくことがあります。例えば、もっと違った角度の写真を見たいとか、時には値引き交渉もあります。

そんなときは面倒くさがらずに、できるだけスピーディーに返信しましょう。質問やコメントがつくのは、品物に関心を寄せている証拠です。

もう少しで、購入ボタンをクリックしてくれそうな人たちだと考えましょう。

また、１人の質問が来たら、ほかの人もその質問への返信に注目していることを意識してください。

購入しようと品物をいろいろ探している人たちは、自分から質問はしなくてもコメントを読んでいるケースが少なくありません。

なかには、自分で質問できなかったことを聞いてくれてよかったとか、同じようなことを知りたかったなど、一つの質問、コメントは、10人や１００人、いやもっと多くの人に読まれていることがあります。

質問やコメントに返信する場合は、次のことに注意します。

- **できるだけ、コメントがついた同日に返信する。**
- **質問した以外の人たちを意識して回答する。**
- **大勢の前でプレゼンをするつもりで丁寧に回答する。**

コメントがついたら、購入する前のラブコールだと思って対応しましょう。

また、説明文に書いていることでも、再度確認の意味で同じことを聞いてくる人がいます。あまりにも神経質な質問、極端な値引き交渉には、出品した側も手を焼きますし、対応が難しくなります。しかし、無視してもよくないですし、相手の心証を損ねるのは得策ではありません。

特に、ネットでのトラブルはしつこくなることも多く、こじれると厄介です。そこで、プロフィールや品物の説明について次のように一文を入れておきましょう。

「完璧を求める方、神経質な方は購入を控えてください」

こういう一文を入れておくことで、出品者側も購入者を選ぶことができます。

商売では、よく「**三方良し**」ということが言われます。

- **売ってよし**
- **買って良し**
- **世間良し**

つまり、売る側も買う側も、お互いにプラスとなるような取引がしたいし、そうなることを望んでいます。そういう理想的な取引ができると最高ですね。

さて、自分が出品していた品物が、誰かに購入されたら、メルカリの取引画面に、

「発送してください。~商品が購入されました。商品の発送を行ってください。」

という表示がされます。そうなっていたら、すぐに購入した相手にお礼のサンクスメールを入れましょう。

サンクスメールを入れることで、購入者に安心感を与えることができます。

また、評価も「良い」をいただくことにつながります。

87ページでも紹介しましたが、次のようなサンクスメールを入れておきましょう。

「○○様

この度は、ご購入いただきありがとうございます。

品物は○月○日（予定）に発送いたします。

取引完了まで、短い間でございますがよろしくお願いいたします。」

繰り返し説明しているのは、本当に大事なポイントだからです。

購入者は支払いを済ませて、品物がいつ届くかを楽しみにしています。だからこそ、できるだけ早く品物を手にしたい気持ちに寄り添ったお礼のサンクスメールが、相手に響くのです。

【発送日（予定）を必ず明記する】

はっきりとした発送日がわからなくても、「予定」を示しておきましょう。サンクスメールのポイントは、「いつ発送する」かを知らせることです。

とっても大事な、メルカリ流〝売上金〟の申請ルール

メルカリで出品したものが売れたら、「売上金」として計上されます。品物を販売して取引が完了したさいに、販売利益が売上金として、自分のアカウントに反映されます。

では、品物代金はいつ売上に反映されるのでしょうか。すでに、取引の全体の流れでも触れましたが、売上は出品者が発送し、購入者が受け取って、その取引についての評価をお互いにして取引が完了した後に反映されます（なお、支払いがポイントでの場合であっても売上として反映されます）。

ところで、売上があってもそのままではその儲けは自由に使えません。メルカリの自分

のアカウントから自分名義の金融機関の口座へ振り込んでもらう必要があります。これがいわゆる「売上金の申請」になります。

２０１７年の12月からポイント制など、大幅な変更がありましたので、それ以前にメルカリに会員登録していた方は、最新の利用規約等について確認しておきましょう。

さて、売上金はうれしい成果です。しかし、そのままではお金として自由に使えません。メルカリに、売上金の振込申請をしなければなりませんし、その方法にはルールがあります。

まず、「申請期限」についてです。

売上金には、定められた３ヶ月の振込申請期限が設定されています。この３ヶ月以内に、**「振込申請」**をするか、**「ポイントの購入」**時に利用することができます。

また、売上金は、振込申請期限が早く切れるものから消費されることも知っておきましょう。なお、振込申請期限までに売上金の利用がなかった場合は、登録した銀行口座に自動的に振り込まれます。

「売上履歴」は、サイドメニューの**「設定」↓「売上・振込申請」↓「売上履歴」で確認**できます。

売上金の振り込みには「手数料がかかる場合」と「かからない場合」がある

メルカリでの売上金を自分の銀行口座に振り込んでもらうには、「振込手数料がかかる場合」と「振込手数料が無料になる場合」があります。できるだけ手数料は払わない、取られない方法を知っておきましょう。

◎振込手数料がかかる場合

現在の売上残高が211円以上あれば「振込申請」が可能です（売上残高が211円の場合、振込手数料が210円かかるため、211（売上残高）－210（手数料）＝1円の振込金となります）。

◎振込手数料が無料になる場合

「振込申請」の金額が「1万円以上」の場合は、振込手数料は無料です。申請金額が1万円未満の場合は、振込手数料が210円かかります。

したがって、振込申請をするなら、1万円以上の売上残高を確認してからにしましょう。

また、注意点として、メルカリのホームページでも次のことを確認しておきましょう。

振込先口座が間違っていると当たり前のことですが、メルカリからあなたの口座への振込ができません。しかし、振込手続きをしてしまっているために、手数料が発生します。

◎宛先口座不明で戻ってきた場合

手数料210円を差し引いた金額を売上として戻されます。正しい口座に振り込んでもらうためには、再度振込申請をしなければなりません。手数料の2度払いになるため、振込口座の確認をしっかりしておきましょう。

◎間違った口座に振り込まれてしまった場合

もしも間違った銀行口座に振り込まれた場合は、組戻しをしなければなりません。

なお、組戻し後は、手数料210円と組戻し手数料630円（銀行への支払い）を差し引いた金額を売上として戻されます。

その後、正しい口座へ再度振込申請をする必要があります。

ただし、組戻しは、振込受取人の方と連絡が取れない場合や応諾を得られない場合もあり、時間がかかります。もしも振込受取人との対応ができなかった場合は、組戻しは成立せず、売上は戻すことができなくなります。

振込先口座については必ず確認のうえ、振込申請をしましょう。

売上金の銀行口座への振込申請から振り込みまでにかかる時間は？

振込申請をしてから、実際に自分の銀行口座に売上金が振り込まれるまでには、少し時間がかかります。メルカリでは、次のようなスケジュールで振込を実施しています。

- 振込申請の締め切り日は、毎週月曜日になります。
- 振込は、振込申請の締め切り日から数えて、4営業日目。

※営業日は土・日・祝、年末年始（12月30日〜1月3日）を除く平日。

例えば、出品していた売上が月曜日の段階で1万2000円あったとします。月曜日に振込申請をすれば、4営業日目の金曜日に現金が振り込まれます。

しかし、振込申請を火曜の朝にした場合は、翌週の月曜日の締め切り扱いとなるため、10日後の翌週金曜日に振り込まれます。

また、メルカリでは申請から振込までのスケジュールを短縮するサービスも展開しています。それが**「お急ぎ振込」**と呼ばれるものです。

手数料がかかる「お急ぎ振込」サービスのしくみ

メルカリでは、振込申請をして最短で4営業日目に振り込まれます。

しかし、もっと早く現金化したいというリクエストに応えたサービスが「お急ぎ振込」サービスです。

ただし、別途手数料が加算され、「お急ぎ振込」手数料として、200円かかります。通常の振込手数料210円（1万円未満の振込申請）がかかるのとは別に、「お急ぎ振込」手数料が200円必要となるのです。

例えば、5000円（の売上金）の振込申請を月曜日にしたとします。その週の金曜日には通常の振込手数料（1万円未満の振込手数料210円）が引かれて、銀行口座には4790円が入金されます。

しかし、「お急ぎ振込」を申請すれば、翌営業日に振り込まれますが、手数料がさらに200円別途引かれます。先ほどの例で言えば、月曜日に振込申請と急ぎ振込を申請すれば、翌火曜日には口座に振り込まれます。

仮に、売上残高5000円の振り込み申請であれば、普通の手数料（1万円未満は210円）とお急振込手数料が200円かかるため、売上残高5000円から2度手数料（210＋200円）が引かれ、4590円が振り込まれます（※振込申請画面では、合算された通常の「振込手数料」と「お急ぎ振込の手数料」を合算した金額が振込手数料の項目に表示されます）。

それから、もう一つ注意事項を。

・お急ぎ振込を使用する場合、**1日の申請可能な最大金額は100万円まで**です。
※複数回に分けて申請する場合も、同じ日付に振り込まれる振込申請の合計金額は100万円までとなります。

◎お急ぎ振込の申請方法

・アプリの振込申請画面で、「お急ぎ振込【選択してください】」の【選択してください】をタッチのうえ、「お急ぎ振込を利用する」（手数料200円）を選択します。

◎お急ぎ振込のスケジュール

お急ぎ振込を申請するタイミングによって、翌営業日に振込が完了しますが、土日祭日などを挟んだ場合は、振込がズレるので要注意です。
・営業日0時00分〜営業日8時59分に振込申請を完了した場合、翌営業日に振り込まれます。
・営業日9時〜営業日23時59分に振込申請を完了した場合、翌々営業日に振り込まれます。

・営業日以外に振込申請を完了した場合、翌々営業日に振り込まれます。
・営業日は土・日・祝、年末年始（12月30日〜1月30日）を除く平日を指します。

ここで説明した同じことが、メルカリのホームページにもあります。スマホでもう一度確認しておきましょう（https://www.mercari.com/jp/help_center/ 参照）。

第3章

メルカリでは、どんな品物が売れるのか？

「えっ、ほんと!?」——意外なものが売れるのがメルカリの面白いところだ！

繰り返しになりますが、私が主催するビジネスセミナーなどでもよく質問を受けるのが、出品に関してです。

「出品できるような不要品がありませんが、どうすればいいでしょうか？」
「自分が不要だと思っているものは、ほかの人も不要でしょう。売れるとは思わない」
「お中元やお歳暮でいただいた品物でよければ出せますが、それでいいですか？」
「欠けたお皿や履き古した靴を出してもねえ……」

こうした疑問をぶつけられるのが普通です。特に50代以上の方で、パソコンやスマホに慣れていない人にとっては、出品できる品物の確保が難しいからできないと思われるようです。

メルカリでは意外な品物が売買されています。出品されているのは、ブランド品やファッション、家電、雑貨類が多くなっています。しかし、「こんなものが売れるの？」と疑問を抱くような出品も少なくありません。

これまでに説明してきましたように、メルカリでは無料で配っていたポケットティッシュやコンビニでもらえる割り箸も売買されています。

そういう意味では、家にあるものはほとんど出品できますし、売りものになると考えて構いません。

自分が勝手に不要品だと思い込んでいるだけで、ほかの人は欲しがっていることもあるのです。だから、「不要だ」と決めつけないことです。

実は、不要品だと思っていても、ほかの人から見れば利用価値があったり、ちょっとしたアレンジで価値の高いものになったりします。

それがビジネスをするうえでの想像力ですが、そうすると、履き古した靴でもお宝に見えて来るのです。

もともと私が副業を始めたきっかけは、試しに出品したデジタルカメラがあっという間にネットオークションで売れたことでした。

量販店の店頭で特売していた型落ちのデジタルカメラを転売しただけです。1台がすぐに売れたので、同じカメラを量販店に買いに走り残りも買い占めました。それがネットオークションでは、仕入れ価格より高く売れたのです。

それは型落ちでしたが、新しく出た商品よりもその型が人気の機種だったのです。

ですが、量販店のない地方では、型落ちした商品の販売数が少ないうえに、ちょっとでも安価であれば欲しいという人がいるのです。実際に、数個購入したデジタルカメラはすべて売れてしまったのです。

さて、そんなデジタルカメラを売った後、私が何を売ったかというと、不要品を販売していました。よく耳にする「タンスの肥やし」を売っていました。

・着なくなった服
・履かなくなった靴
・引き出物でいただいた使わない食器
・読み終わった本や雑誌

などをどんどん出品してきました。

「履いた靴が売れるのですか？」

そんな疑問を抱かれると思いますが、これが本当に売れるんです。

「着た洋服が売れるの？」

はい、これも売れるんですね。

もちろん、壊れたデジタルカメラやｉＰｏｄも売れます。


まずは、出品に慣れることも大切ですから、どんなものを出品できるか、家にあるものをリストアップしてみましょう。

まだ売るものがないと思っているかもしれませんが、だんだん慣れてくると身の回りのものがお宝に見えて来るはずです。そうなれば、いままで捨てていたものが「もったいない」と思えてくるでしょう。

なぜかというと、いままでゴミ箱に捨てていたものが、びっくりするくらいの金額で売れることがあるからです。


もう一度言いましょう。あなたには不要なものが、ほかの人にとっては必要なものになります。

あなたが不要品と思ったものを売れば、喜んで買いお金を払ってくれるのです。喜ばれながらお金を儲けられるというわけです。

メルカリやヤフオクで不要品を販売してスマホ副業ができますよ！　というと、「うちには売れるような物なんてないから……」と初めから諦めてしまう方がいます。

ブランド品なんてそんなに持ってないし、どれもこれも結構使いこんでいるからきっと誰も欲しいなんて思わない。そんなふうに決めつけてしまう方がいますが、それじゃあもったいない！

メルカリやヤフオクに出品されているものをよく見ていくと、「え!?」と驚くようなものが売られています。

そのようなもので、販売終了したものを見ると、びっくりするような値段がついているものまであります。

例えば、どんなものがあるのかというと、

・子供の頃遊んだおもちゃ

・子供の頃読んだマンガ
・コンサート等のチケットの半券
・CD・レコード
・音楽用カセットテープ
・使いかけの香水
・トイレットペーパーの芯50本
・松ぼっくり・どんぐり
・流木
・ガラス片

これらはほんの一例です。

このうち、前半のほうはなんとなくコレクターがいるのかな？　と予想がつくと思いますが、流木が売れるのはなんで？　と思う方もいるでしょう。

これらは、ハンドメイドをされる方に需要があります。ガラス片も「シーグラス」と呼ばれ、海辺に転がっている角が削られ滑らかになったきれいなガラスは今やメルカリ上で多くの取引があります。

ほかにも、普通に何度か使ったようなものも、意外と売れています。

自分にとっては、ただ捨てるだけのもの、その辺に転がっているゴミでしかないものだとしても、ほかの誰かにとっては「お宝」になるかもしれないのです。

ゴミがお金に変わるなんて、こんなラッキーなことはないですよね?

自宅をかたづけて捨てようと思ったものがあったら、すぐ捨てずに一度「売れるかどうか」を調べてみてください。

通勤途中や休日のお出かけの際などに、目に入ったタダで手に入りそうなものが「売れるかどうか」も調べてみてください。

もしかしたら、売れる商品になるかもしれません。

「捨てる前に検索」して、取引実績があるものはぜひ出品して、売上を上げていきましょう。

捨てる前に、「販売価格の検索」をしよう!

ネットオークションを始めた頃からやっていることがあります。

これをやったおかげで、ネット古物商を始めてから10年以上続けることができ、いまの私があると言っても過言ではありません。

それは、**「販売価格の検索」**です。

- **捨てようと思っていたものが、いくらくらいで売れているのか？**
- **また、その品物を欲しいと思っている人がどのくらいいるのか？**
- **欲しい人がたくさんいるのであれば、その品物がどこかで売っていないか？**

簡単に言えば、いわゆる〝マーケティング〟と呼ばれるようなことを調べていたのです。

メルカリやオークションでいくらになるかを検索するということは、

「スマホ副業を楽しく続けられるか」

「あるいは、途中で挫折してしまうか」

――を左右する。私は、それくらい重要なことだと思っています。

というのも、私も価格検索をしなかったことで損をした苦い経験があります。それは、自分の得意分野以外のものだったために、最初から「どうせ価値のある品物じゃないし、適当に売れればいいや」と、そんないい加減な気持ちでいたために招いた失敗でした。

捨てようと思っていたものを、誰かが３万円で買ってくれるとしたら、あなたはどうしますか？

どうせ捨てるつもりだったのだから、ただ同然でも惜しくはないかもしれません。でも、もし価格検索をしていれば、３万円近くで売ることができたかもしれないのです。

実は、こういうことが結構あるんです！

だから、いちいち価格検索をしてみることが大切になります。

ベテランの古物商でもすべての品物の適正価格を知っているわけではありません。いま、どういう品物がいくらくらいの価格で売買されているのか、それを知るために価格検索を行うのです。

また、価格を検索してみることで、需要と供給のバランスも見ることができます。

つまり、たまたま売れたのか、あるいは実際に、いま欲しいと思っている人がたくさんいるのか、という「需要と供給」のバランスを知るためにも価格検索をすることによってわかります。

では、価格検索をすることで、どのくらい得するのでしょうか？

また、逆に価格検索しなかったことで、どれほど損を被ったのか――実際の事例を紹介しましょう。

若い人はあまり使ったことがないかもしれませんが、音の記録媒体としてカセットテープがあります。その中でもメタルテープという種類があります。音楽を録音するメディアで、メタルテープは通常のものより高音質で記録できたのです。

カセットテープの中でも高価だった商品ですが、いま時はカセットテープそのものを使う機会がありません。しかし、それが家に残っているかもしれません。

未使用である必要はないのです。すでに録音した使用済みのカセットテープだって、数本まとめれば売れます。

需要があれば、昨年よりも値段が上がっている場合もあります。そんなことを知らずに、不要品だとして処分してしまったらどうでしょうか？

実際は、メタルカセットテープが３万円で売買されていたのです。その価値を知らずに捨てれば、０円の損どころか３万円の損をしたことになります。

あなたも捨てようと思っていたものがいまいくらになっているかを、必ず検索してみましょう。

早起きは三文の得ではなく、
検索は１０００円の得、
いやいや３万円の得なのです！

例えば、昔使っていたおもちゃ、人形などもコレクターの間では人気が高くなっているものがあるかしれません。そういうものを見過ごさないためにも、まず価格の検索をして見るのです。
あなたにとってはゴミでも、コレクターには喉から手が出るほどの「お宝」である可能性があるのです。

出品するものを仕入れる方法

これまで、家にあるいろいろなものが売りものになると説明しました。それでもまだ、「出品できるような品物はありません」「使うかもしれないと思うと、売るのはちょっと……」と戸惑う人もいます。

最初は、読み終わった本や雑誌を出品して、実際に売買する方法やメルカリのにぎわっている状況を肌で体感してほしいと思います。

そうやって、家にある洋服や雑貨、小物、あまり履かなくなった靴、結婚式でもらった食器類などを売ってみましょう。

毎月5万円から10万円のおこづかいを稼ごうと思えば、それだけの売上をあげるための〝品物〟が必要になります。

場合によっては、家にあるものをメルカリで売り続けたために、もう売るものがなくなってしまったという人も出てくるかもしれません。

この本を手にしてくれた方には、そういう場合にも対処できるように、出品するものを仕入れるノウハウも伝授したいと思います。

「仕入れをする」ことで出品を継続的に続けられるので、毎月のおこづかい稼ぎも続けられるというわけです。


では、どこで仕入れたらいいのでしょうか？

・ネットで仕入れる
・フリマで仕入れる
・展示会で仕入れる
・出かけた先で仕入れる

◎仕入れは小さな金額に抑える

いろいろな方法がありますが、まずは小さく始めることです。

ここで、小さくというのは、

「仕入れにはお金がかかるので、小さな金額に抑える」

ということです。

すでにここまで読まれた読者にはおわかりでしょうが、価格検索をすると、メルカリでは何がいくらくらいで売買されているかがわかります。仕入れようと思う品物も、必ず価格を検索してください。

例えば、フリーマーケットで、人気の服を1000円で売っていたとします。さっそく価格を検索してみたところ、同じ服が5000円で売買されたという実績があったとすれば、同じ価格で売れる可能性はあります。

まず、売る値段（適正価格）を考えて、利益が出る仕入れ値段かどうかを見ます。
1000円の仕入れで5000円にして売れれば、4000円の儲けになります。
しかし、ここで思い出してください。
メルカリでは、送料がかかります。送料はいくらでしょうか？
さらに、

メルカリでは、手数料が発生します。売上の10％が手数料として引かれます。

送料が仮に380円。

メルカリの手数料が500円だとすれば、

5000円（出品値段）－1000円（仕入れ代金）－380円（送料）－500円（手数料）＝3120円の黒字になります。

いかがでしょうか？　1000円の仕入れ金額で、3倍以上の3120円を稼ぐことができるというわけです。

ここで、**着目すべきは「仕入れ金額」**。

1000円の仕入れ金額なら、万一希望の値段で売れなかったとしても大損することはありません。売らないで自分で使うことを考えてもいいのです。ちょっといい人気の服を安く手入れられたとお得感はあります。

家にある不要品なら、仕入れ金額を考えなくてもいいのですが、ほかから仕入れる場合は、先に仕入れ代金を払っているので、すでにマイナスからスタートしていると考えましょう。

そういう意味で、**仕入れて転売するリスクが発生**します。

売買に慣れていない場合は、つい売れたときのことばかり考えがちです。儲けは1万5000円くらいになるかも……。

これぞ、「とらぬタヌキの皮算用」なのです。

仕入れをはじめたばかりのときに大切なのは、仕入れを小さく抑えることです。

これはリスクを小さくするためです。

そうすれば、儲けは大きくなくても着実に経験と自信がついていきます。

そして仕入れも続けられるのです。

◎在庫を抱えない

仕入れて転売する場合、仕入れを小さくするのが原則ですが、もうひとつ大切なポイントがあります。

それが、在庫を抱えないことです。仕入れを小さくしても、それが何回も積み重なれば、仕入れ金額の合計は大きくなります。

その仕入れ代金の分、手元に品物がストックされることになるのです。これが「在庫」というわけです。


「いや、すぐに売れるし、仕入れが安いので問題ないでしょう」

「在庫といっても、場所を取るほど大きくないので、儲けるなら、このくらいは仕方ありませんよ。売れるまでのことですから」

こういった自分にとって都合のいいことばかりを考えるようになると、在庫を抱えてリスクを忘れていくようになってしまいます。

いま現在、3000円で売れている品物も、1週間後にはほかの人が同じものを2500円で出品するかもしれません。

価格競争になれば、2000円で出品する人も出て来る可能性があります。

こうした「安売り合戦」がはじまると、3000円で売ろうとしていた目論見通りにいかなくなります。

売るタイミングを逃しますし、希望する値段で出品しても売れなくなります。

つまり、在庫があればあるほど不良債権が増えることになるわけです。

そうならないためにも、慣れて自分の判断がつくまでは、あまり在庫を抱えないように慎重に仕入れをすることが肝心なのです。

売れる品物を仕入れるコツ

仕入れは小さく、在庫を抱えないことが鉄則だと説明しました。そうなると、何を仕入れるとよいのか知りたくなるでしょう。

では、ここで売れる品物を仕入れるコツを教えましょう。

まず、いま現在、どんなものが売れているのか検索するところからスタートします。

ネット仕入れサイトは多数あります。ヤフオク！、楽天、アマゾンをはじめ、海外のオークションサイトなら、ｅＢａｙやＴａｏｂａｏなどです。

やみくもに売れる品物を探しても見つかりません。そこで、「競合が少ない商品」を探したり、「あるものとあるものを組み合わせる」ことで新しい価値をつけて売る方法を考えます。こうした工夫をすれば、自分だけにしか売れない、ほかのネットで販売していないオリジナル商品に仕立てることができます。

◎メルカリで「売れている品物」を調べる方法

ネット販売の良いところと悪いところは、「全部まる見え」ということです。どんな品物がよく売れているかが一目でわかるのがネット販売の特長です。具体的に、売れている品物をどう調べたらいいか、順を追って見ていきましょう。

[手順1] メルカリの画面を立ち上げる

「虫めがねマーク🔍」があります。検索ワードを入力する枠の部分です。ここに、売りたいものを入れると検索できます。

［手順2］ その後に「絞り込み」をします。

［手順3］ 次に、「販売状況」で、「売り切れ」かどうかをチェックします。

［手順4］ その後に「並べ替え」を選択します。
新しい順・おすすめ順・価格の安い順・価格の高い順などが表示されます。

［手順5］「価格の高い順」をチェックします。
高く売れている品物はどのようなものか、いくらで売れているのか、を確認。

［手順6］「価格の安い順」にチェックして並べ替えます。
どのくらいの値段で売れているのかを調べることができます。

こうした検索結果を、仕入れや値づけに活かしていくのです。

売れている商品の調べ方〈メルカリ編〉

手順1

メルカリの画面上の「虫めがねの印」をチェック。売りたいものを入力。

手順2

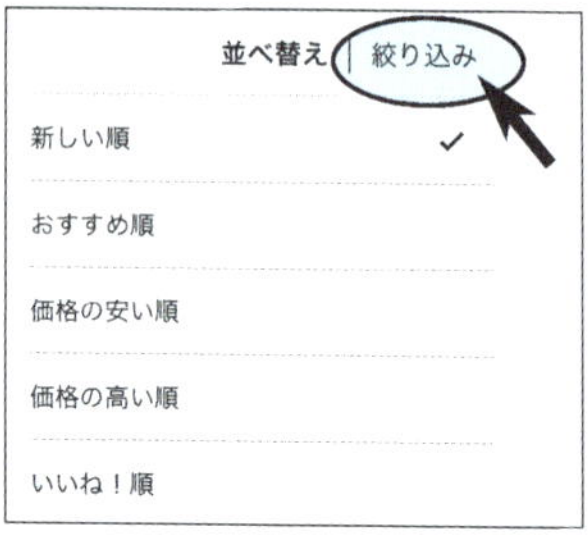

「絞り込み」をする

手順3

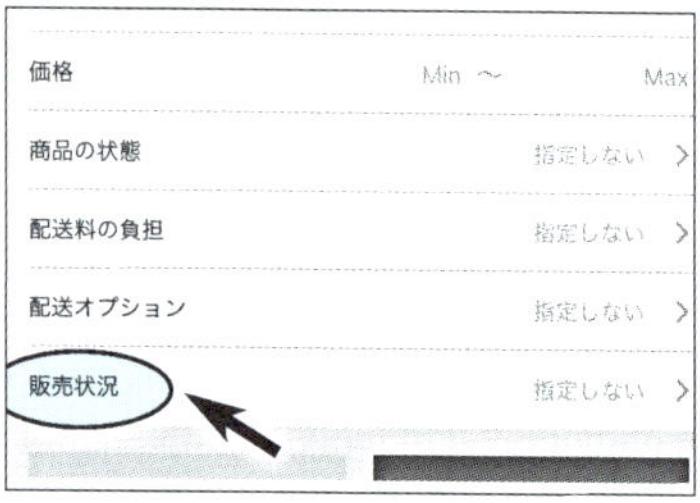

「販売状況」で売り切れかどうかをチェック。

手順4

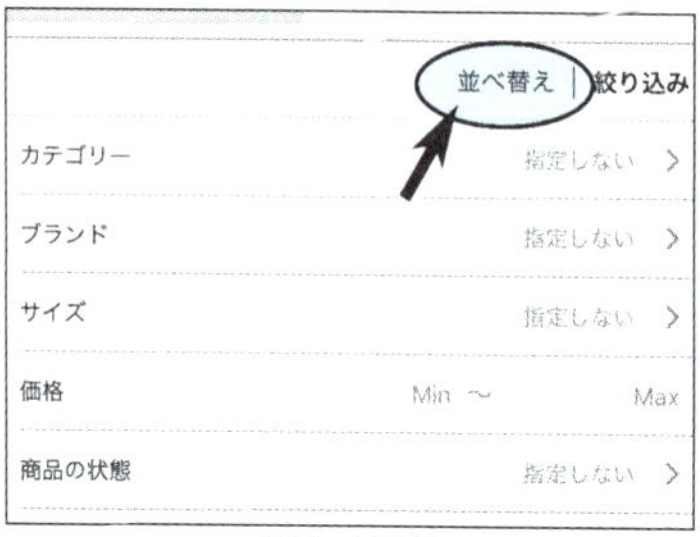

「並べ替え」をチェック。

手順5

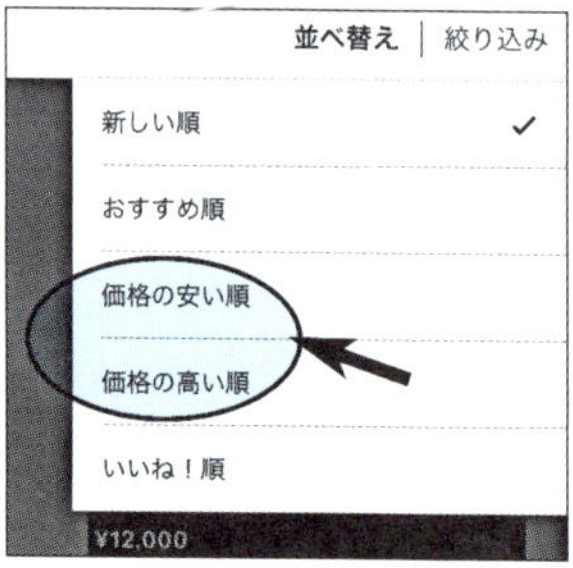

「価格の高い順・価格の安い順」をチェック。

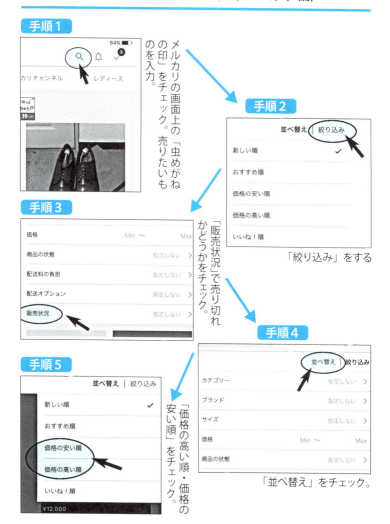

フリーマーケットで、メルカリで売れるものを〝仕入れるコツ〟

仕入れに関する説明を続けましょう。

ネットオークションや通販で仕入れる以外にチェックしたいのは、土日に開催されている、いわゆるフリーマーケットです。

出品している人たちは、品物を持ち帰りたくないので、とても安く販売しています。

◎大型フリマ、小さなフリマ、どちらで仕入れるか

さて、問題です。

「仕入れをするなら、大型のフリーマーケットと小さなフリーマーケット、どちらがいいと思いますか？」

私のおすすめは、「大型フリーマーケット」です。

その理由は、次のようなものです。

大きなフリーマーケットには、
・出店に慣れている人が多い
・初めて出店する人がいる
・またプロの人もいる（古物商など）
といった特徴があります。

つまり、大型フリーマーケットには、いろいろな人が出店し、それだけ商品が多種多彩なのです。

出店数、出品数が多いと、あなたが好きな品物、詳しい分野の品物が見つかる確率が高くなるのです。

簡単に言えば、「仕入れに適した品物を見つけやすい」のです。

また、一番重要なことは、**朝一番に行くこと**です。

大型のフリーマーケットの場合は、朝早くから開催されます。

例えば、9時オープンとなっていても、その2時間前から多くの人が「目当ての品物」を手に入れようと待ち構えて行列をつくっていることもあります。

会場には、スマホで副業をやっている人、リサイクルショップを経営している人なども仕入れのためにたくさん来ます。

仕入れたい品物を探すことも大切で、またいち早く見つけて購入することも重要です。そのために、みんな朝早くから起きて仕入れ品探しに来ているのです。

◎フリマ開催情報はネットで手に入れよう！

フリーマーケットの情報はネットで、「フリーマーケット」と入力して検索すれば、全国のフリーマーケットの情報が一発で出ます。

そういうフリーマーケットをいくつか回っているうちに、出品者の人と顔なじみになったりすることもあります。

楽しみながらフリーマーケットを回っていると、顔なじみの人が自分の好みの品物を取り置いてくれたりすることもあります。

そういう良好な関係を築くチャンスもフリーマーケットにはあります。

買わなくても、説明好きな出品者もいますから、耳を傾けていると、次に訪れたときにも顔をおぼえていてくれたりするものです。

最近の売れ筋のことを教えてくれるかもしれませんし、自分が知らなかった新しい情報を提供してくれることもあります。

そうしたコミュニケーションをとれるのもフリーマーケットの楽しさです。もちろん、お客として品物を買うことが親しくなるきっかけですし、どんどん話を聞いていろいろな出店者と語ることも大切です。

大型のフリーマーケットを個人的にすすめるのは、総合的に考えた場合に効率がいいと思うからです。

人によっては、こぢんまりしたフリーマーケットや地域のバザーのほうが気楽でいいと思う人もいます。

ですから、どちらでも好みのほうでいいと思います。

ただし、1回のぞいて、目当ての品物や掘り出し物がなかったからといって、諦めないことです。

何度でも通って、粘り強く回っていると、いつしか掘り出し物に出会えたり、目当ての品物をゲットすることができます。

そのためには、フリーマーケットを楽しむこと。それがスマホ副業を長続きさせる条件にもなります。

リサイクルショップで メルカリで売れるものを〝仕入れるコツ〟

ここでは、リサイクルショップで仕入れるコツを説明します。

「リサイクルショップから仕入れして転売ができるの？」と、素朴な疑問を持つ人もいるでしょう。

実際、私は現在リサイクルショップを経営しています。

普通は、安く仕入れた品物に、最大限の利益をのせた値段で売っているのがリサイクルショップだと思われています。

だから、リサイクルショップで購入した品物を転売しても儲からないと考えるでしょう。

しかし、そう決めつけるのは早いのです。

私はいまでもほかのリサイクルショップに、「売る」勉強のために出かけます。


例えばこうです。

リサイクルショップに並べられている品物を見て、

「これは、ネットだったら、この金額より高く売れる」

と思ったら、その場で即購入します。

では、なぜネットだと高く売れる判断ができたのか。一言で説明はできませんが、回数を重ねてお店を回っていると、ネットの値段を調べなくてもリサイクルショップの値段が高いか低いかがわかるようになります。

ネットで高く売れると思えば買ってすぐに転売しましょう。

これもリサイクルショップで仕入れるコツの一つです。

展示会、ギフトショーなどで、メルカリで売れるものを〝仕入れるコツ〟

展示会や見本市などもいろいろ開催されています。なかでもギフトショーは国内トップクラスの展示会になります。

ギフトショーは、東京・大阪・福岡などで定期的に開催され、私も毎回訪れるようにしています。

ギフトショーとは、**「日本最大のパーソナルギフトと生活雑貨の国際見本市」**のことです。出展企業は5000社前後にもなり、消費財関連業界の国内のメーカー・輸入商社・欧米メーカーです。

生活者のライフスタイルに関する新製品を主体に展示しているので、新しい雑貨などを見つけるには最適です。

主催者側は、「市場と流通をリードする最も実質的なトレードショー（業者専門見本市）」と説明していますが、本当にその通りだと思います。

ギフトショーでは、雑貨、キャラクターグッズ、装飾品、衣類、化粧品、健康グッズなど、多くの種類の商品を一度に見ることができます。

これからヒットするお宝のグッズと出会うチャンスの場でもあるのです。また、自分が販売したい新商品を見つけることもできます。

これまでは、家にある不要品を転売しましょうと説明してきました。その次に、大型フリマなどで品物を仕入れて転売することをお話しました。これらは、いずれも中古品となります。

一方、ギフトショーでは、新製品、新品を仕入れることができるので、あなたの転売する品物の幅を広げることができます。つまり、中古から新品まで販売できるというわけです。

メルカリで毎月5万円のおこづかいを稼ぐのであれば、新製品、新品なども出品してみましょう。新しいものを探している人もいるので、そういう人があなたの出品に関心を持ってくれると、販売チャンスは広がるからです。

そういう意味でも、ギフトショーで新しい品物を探すことは役に立ちます。

では、どうすればギフトショーに行けるのでしょうか？

いわゆるビジネスの場ですから、一般の消費者ではなく、仕入れ業者、メーカーなどが取引機会を得ようとブースを出しています。

そういう場に出かけたことがない人もいるでしょう。仕事で関係する人しか展示会場に入れないと思われるかもしれませんが、そうではありません。事前にギフトショーの公式ウェブから招待状を申し込めば郵送で自宅に届きます。

招待状があれば、無料で入場できます。

ぜひ、名刺をたくさん持って出かけましょう。あらかじめ、関心のある品物や企業を絞って回るのが効率的でしょう。

気になる商品を見つけたら、仕入れ業者のつもりで購入できるかどうかの話をしてみましょう。

実際、メルカリで品物を転売しているのですから、実質販売業者と見なせます。

そこで、気になる商品を購入する場合を考えて、

・仕入れの「掛け率」はどのくらいなのか。
・また取引をはじめるにあたっての取引量はどのくらいからか。
・納期はどのくらいになるか。
・インターネットで販売しても問題がないか。

など初めての取引の際の条件なども聞いてみましょう。

なかには相手にしてくれない企業や、期待はずれの場合もあるでしょう。逆に、思わぬ品物を見つけることもあります。

展示会では、粗品やサンプル品の配布もあります。

さて、ギフトショーですが、開催時期や展示会への入場するための招待状請求などは、公式ウェブで調べましょう。「ギフトショー」で検索すると出て来ます。

第4章
メルカリでもっと売るための「よくある質問」Q&A

ここでは、スマホ副業に関する、いまさら聞きにくいことやちょっとした疑問など、よくある質問に対してお答えします。

売上金の申告はしなくて大丈夫?

まず、メインの仕事とするか、副業かで変わります。この本では、スマホ副業を前提にしているので、副業での売上金についてお答えしましょう。

メルカリやヤフオク!で不要品を販売しているときは、税金はかかりません。

販売して得たお金は、「譲渡所得」となります。ここには、基本的に課税されません。

しかし、基本的な場合に限ります。

つまり、例外があります。次の場合には、確定申告が必要になりますので、あてはまらないか確認してみましょう。

・給与所得以外で、1年間に20万円以上の利益がある場合

・給与所得がない場合でも、1年間で38万円以上の利益がある場合

さて、1年間に20万円以上の利益があるかどうか。この「利益」は、仕入れの経費は含みません。

例えば、仕入れた商品の売上が60万円だとします。そのうち、仕入れに42万円かかっていたとすると、差し引き18万円の利益となります。この場合は、申告はしなくてもいいわけです。

売上がたくさんあった場合は、近くの税務署に相談すれば、丁寧に教えてくれますので、問い合わせてもいいでしょう。

詐欺などが多そうで怖いのですが……

出品しても詐欺が多そうで、フリマアプリを使うのが怖いという人がたまにいます。初めてネット取引をする人にとっては、不安だらけでしょう。

スマホ副業でメルカリをすすめる理由の一つは、株式上場した大手企業がやっているという安心感があるからです。

創業からまだ5年ですが、当初の頃とは違って、さまざまなトラブルなどを解決しながら、現在のシステムを構築したのがメルカリです。

完全に問題点がなくなったわけではないでしょうが、お金を支払ったのに品物が届かない、品物を発送したのに代金を払ってくれない、評価がもらえない、そうしたトラブルはメルカリの事務局が対応しています。

いままで販売した経験がなくてもできますか?

はい、販売経験の有無は問われません。メルカリは、誰でもできるフリマアプリです。売買するのはすべてスマホを利用してになります。

初回出品時は、本人情報登録について確認が必要になります。

初回出品の際に、本人情報（住所・氏名・生年月日）の登録が必須となっています。

メルカリの公式サイトによれば、

「登録された本人情報と売上金の銀行口座名義が一致しない場合は、売上金を引き出せません。なお、過去に出品経験のあるお客さまについても、本人情報が未登録の場合は登録が必要となります。」と明示されています。

出品時の注意点は、

・商品情報に誤りはないか？

・商品価格に誤りはないか？

・送料の負担者に誤りはないか？

・「発送までの日数」以内に商品の発送は可能か？

不明点がある場合は、コメント機能で購入者と相談することができます。

「価格」は自由につけてもいいの？

はい、自由につけて構いません。

価格は300円から、999万9999円の間で自由につけることができます。

なお、個人間の取引の場合、消費税はありません。

しかし、値づけによって、すぐに売れる場合もあれば、まったく売れない場合もあります。品物が売れた場合には、メルカリに10％の販売手数料が発生します。

もし値づけに迷ったらどうしたらいいか？

すでに説明しましたが、同じものや似たものの価格検索をします。過去に、同じ品物がいくらで売買されたか、そのときの最高額と最低額を調べて、それを値づけの参考にします。

しかし、価格検索をしても参考になる値づけがみつからない場合は、初めは高めにして様子をみておき、なかなか売れなければ、段階的に値下げをしていくというやり方がいいでしょう。

「専用」とは何ですか？独自ルールの対応はどうするの？

メルカリの利用者の中で発生した独自のルールの一つが「専用」です。

これは、特定の人が購入予定、または購入を前提として、その品物を取り置き販売するというメッセージです。

例えば、出品のところに「日本はなこ様　専用」と表示されていれば、日本はなこという人に向けた出品だということです。

ですから、こういう出品を購入するとトラブルになります。

メルカリでは、最初に購入した人との取引が成立するシステムです。要するに早い者勝ちなのですが、専用出品している場合、出品者が特定の人以外に売りたくないことを表明していることになり、「取り置きしているのに、横から割り込んで買うのはルール違反だ」と販売を拒むことになりかねません。

メルカリ側では、「専用出品によるトラブルはサポートすることができません」と表明していますので、専用出品の購入は控えましょう。

「即購入禁止」とは何？

これもメルカリ利用者が考え出した独自のルールで、「マイルール」と呼ばれる一つです。購入希望者は、出品者に購入前に「買えますか」等のコメントをつけて欲しいというマイルールなのです。

メルカリは、即購入のシステムとなっているため、「即購入禁止」といわれても戸惑います。では、どういうことなのでしょうか？

「即購入禁止」をしている出品者は、メルカリ以外にヤフオク！などでも同じ品物を出品していたりします。つまり、他のサイトでも販売しているわけです。もしヤフオク！で先に購入されれば、その情報はすぐにメルカリに反映されません。

別のサイトで売れてしまったことを知らない消費者が「購入」をクリックすると、出品者は困ります。一つしかない品物を二つのサイトから購入されたことになるからです。

そこで、「即購入禁止」にし、購入希望者が「在庫確認」をしてもらうわけです。

もしも「即購入禁止」で出品しているもので気になるものがあれば、在庫があるかのコメントをつけるといいでしょう。


逆に、出品する場合、「即購入禁止」は避けたほうがいいでしょう。専用出品と同じくトラブルになりやすく、おすすめできません。

早く売りたいと考えて、ほかの販売サイトにも登録出品したくなるでしょうが、スムーズに販売したいなら、マイルールをもうけないほうがいいでしょう。

洋服などの、「着画」のリクエストと「取り置き」について教えてください

特に洋服の出品で見かけるのが「着画」(=実際に着用した画像)のリクエストです。

一般的に、洋服の出品はハンガーなどに掛けて写真撮影するか、床に並べ置きで撮影して

います。しかし、これでは、着用したときのイメージがわかりにくいのです。

お店のように人間のボディを持つマネキン人形（トルソー）があれば、人形に着せて画像で説明できますが、そうでなければ自分で着用した写真を代用します。

もしも着用した写真撮影で顔出しが気になるのであれば、マスクなどで顔を隠すこともできます。

なお、洋服を出品する機会が多くなるようなら、そのうちマネキン人形（トルソー）を一つ購入しておくといいでしょう。

さて、「取り置き」ですが、こちらも特定の人に向けて品物を売らずにキープしているという意味です。「○○様取り置き」の表示は、「専用」と同じです。また、出品する人が「取り置きＯＫ」と表示している場合もあります。

「キャンセル」への対応は？

取引をキャンセルしたい場合の対応ですが、**基本的に、取引開始後にキャンセルするこ**

とはできません。

しかし、一定の条件を満たした場合のみ、取引画面上にキャンセルを依頼するためのフォームが表示されます。

キャンセル希望者の場合は、仮りに送ったあと、トラブルになることも予想されるので、キャンセルに応じるということも、良い場合があります。

取引の継続が困難な場合は、次の手順を確認し、「専用フォーム」から取引のキャンセル申請を行ってみましょう。

◎申請時の注意事項

取引相手が「同意する」を選択した場合は、即時キャンセルが成立します。

取引相手が申請に対応した場合、取引メッセージの利用を停止します。

返品後、出品者の手元に戻っていることを確認後に申請してください。

〈チェック!〉

①「この取引をキャンセルする」を押す

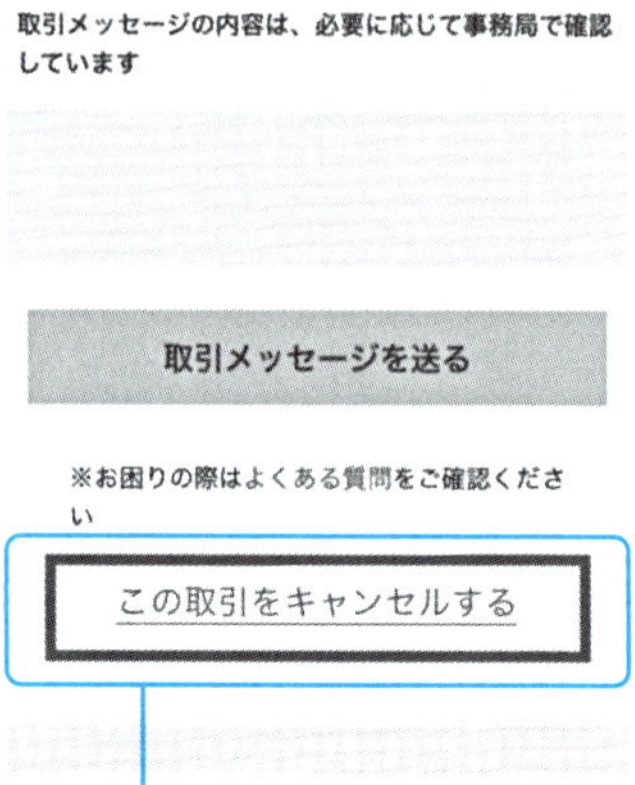

キャンセルボタンを選択する

〈チェック!〉

②キャンセルを申請する

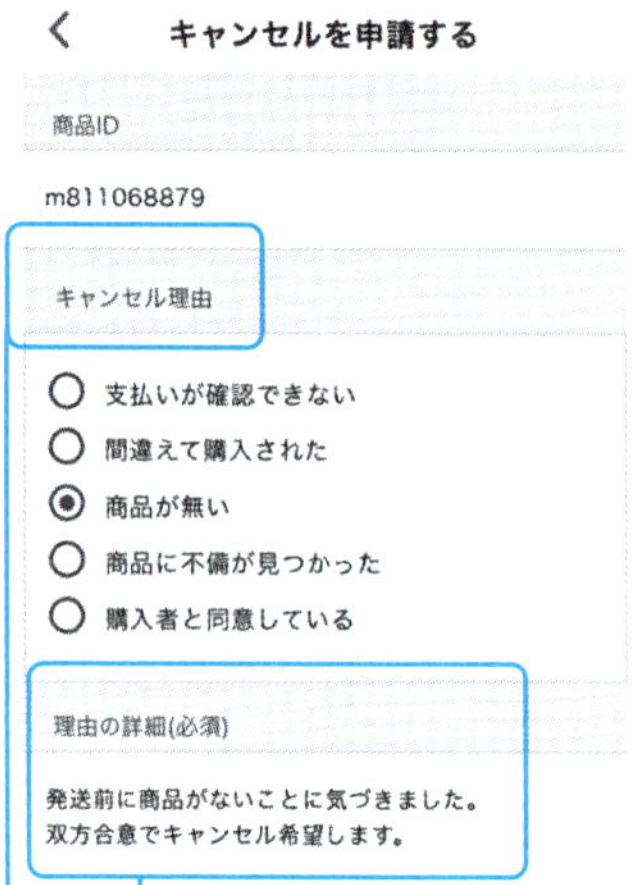

キャンセル理由を記入する

〈チェック！〉

④取引相手から、キャンセル申請の返答が来る

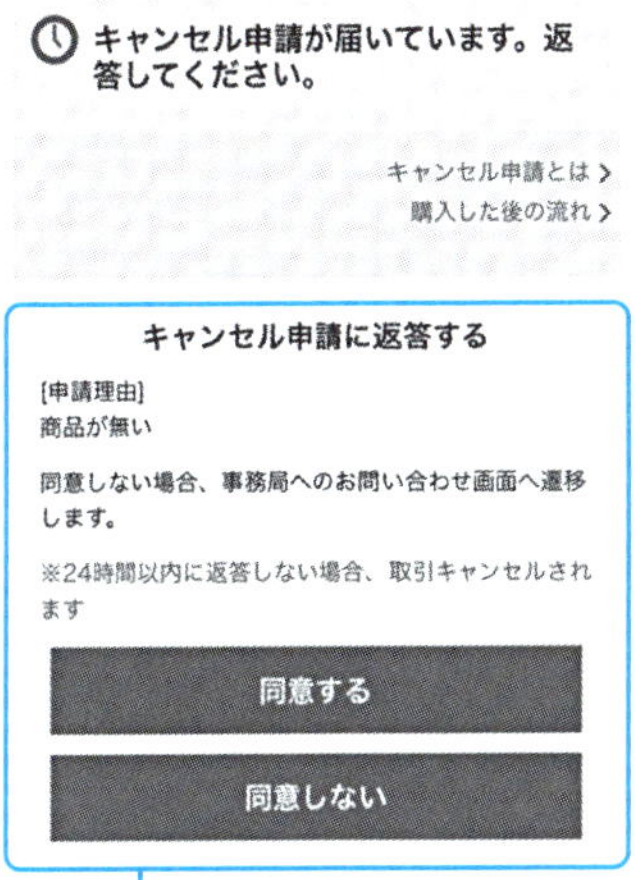

取引相手がキャンセル申請に「同意する」が選択された場合、キャンセルが成立する

〈チェック！〉

③キャンセル内容を確認

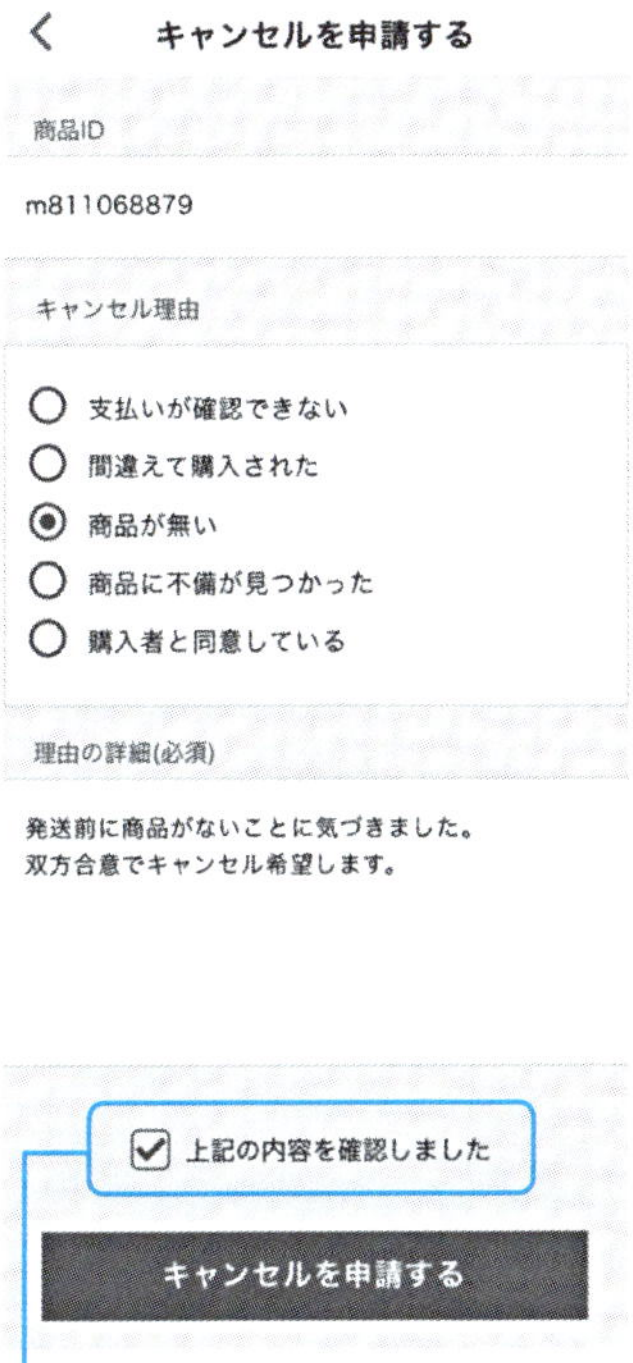

キャンセル内容を確認した旨がメルカリより送られてくる

コラム

●「メルカリ疲れ」を防いで、楽しく続ける方法！

　メルカリをはじめて、次々に品物が売れると、梱包、発送、時には、コメントや値引き交渉などもしなければなりません。やることが多くて「メルカリ疲れ」に陥り、やめてしまう人がいます。

　そこで楽しく続けられる方法をアドバイスしましょう。例えば、コメントの返信や値引き交渉を面倒だと思わずに、チャンスと捉えます。コメントを寄せる人は品物に関心が高く、値引き交渉してくる人も同じでしょう。しかし、値引き交渉は相手との駆け引きになるので、確かに面倒です。そこでパターンを決めて対処すれば、スムーズにいきます。次のようなコメントを使い分けましょう。

【値引きを考えていない場合】……「出品したばかりですので、現在のところ値下げは考えておりません。この価格でもう少し様子をみさせてください。なにとぞよろしくお願いします」

【値引きを考える場合】……「手数料、送料がかかるため、お気持ちのお値引きですが、○○○円に価格を変更しましたので、ご検討よろしくお願いします」

　また、ごく稀ですが、細かいことにクレームをつけてくる人がいます。プロフィール説明文に「素人採寸です。サイズの多少の誤差はご了承ください」「中古品になりますので、細かいことが気になる方、神経質な方はご遠慮ください」などの文面をあらかじめ入れておけばクレームを回避しやすくなります。さらに、嫌なコメントや不快なコメントをする人に対しては、コメント表示をさせない「ブロック機能」がありますから、そうした機能を活用し、メルカリを楽しく続けましょう。

第5章

メルカリの達人が教える マル秘テクニック・5つのルール！

コツ1 ターゲットのライフスタイルに合わせた出品をする

第2章で、出品のテクニックをいくつか紹介しましたが、ここでは、さらにもう1段レベルアップしたテクニックを解説します。

メルカリは出品して24時間以内に売れるものが多いとテレビコマーシャルでも言っています。

しかし、それは多く流通している安い洋服やブランド品などが中心です。すべての品物が1、2日で売れるわけではありません。

もちろん、いい品物、ニーズの多い品物であれば、売れる確率は高くなります。そういう売れ筋のものは、テクニックを使わなくてもすぐに購入されるのです。

ここでお教えするテクニックを使えば、ニーズの多い品物の出品でなくとも、劇的な変化が起きます。

ターゲットのライフスタイルに合わせて出品する！

・出品時間を朝の通勤時間にする（8時～9時、18時～19時）
・ランチタイムのお昼に出品、再出品する（12時～13時）
・寝る前のリラックスしている時間に出品する（22時～0時）

メルカリでは新しく出品したものは、「新着」のところで、出品順に上から表示されます。メルカリを利用するサラリーマンやＯＬの人は、通勤時間にスマホで出品チェックをしていることが多いのです。

そのため、出品時間を品物に気づいてもらうチャンスが高い通勤時間帯とランチタイムに絞って、集中的に出品をするのがいいのです。

それから就寝前のくつろいでいる時間帯も狙い目。

お風呂上がりに、スマホで出品された品物をあれこれ探す人も多いと言われます。

出品は24時間のいつでも構わないのですが、多くの人の目に触れる時間帯を狙うと、売る機会を増やすことにつながります。

品物探しに集中する時間帯に出品すると、多くの人が見るので、すぐに売れるというパターンになりやすいのです。

そして、出品した品物がすぐに売れなくても、着実に売っていくためのテクニックがあります。

ちょっと前までは再出品をすることにより新着になり、新たな出品としてアピールできたのですが、現在は値下げをしたり、タイトルを変えることにより新着にアップできます。

メルカリのアップデートは日々進化しているため、現在の機能も今後変わっていくかもしれません。

確実に新着に上げたい場合は、商品を削除してから、再出品する方法が有効です。

コツ2 差別化して「売る」

出品者の多くは、リアル店舗のように品揃えが豊富ではないため、なかには売りにくいものもあるでしょう。

値段をつけにくいものもあるかもしれません。

そういう場合は、次のことを実践してみましょう。

「数をまとめて売る」
「数種類を組み合わせて、セット売りする」

コツ3 メルカリチャンネルで〝動画〟を配信する

メルカリで新しい販売サービスの一つが、「メルカリチャンネル」です。詳しいことはメルカリのウェブに説明がありますが、自分が通販の売り手となって登場し、出品したものを説明していく動画チャンネルです。

簡単に言えば、自分自身が通販番組の司会者となり、品物の紹介をしていくというものです。

写真で出品している場合と違って、ライブ感があり、人物のキャラが売上に影響するとして、注目を集めています。

まずは、実際のメルカリチャンネルのいくつかを視聴してみましょう。顔出しNGの人は、マスクをつけたまま品物の説明をしています。

◎ライブ配信のメルカリチャンネル

メルカリチャンネルは、ライブ配信をしながら売ったり買ったりを楽しめる、ライブフリマ機能のことです。

使い方は簡単、シンプル。

タイムラインの「メルカリチャンネル」タブから、「ライブ」ボタンをタップし、チャンネルを作成します。

メルカリチャンネルは、ライブ配信中の取引も、安心して行えます。

ですから、ライブ配信しながら売れ行きがわかります。

【メルカリチャンネルの利用時間】

24時間、メルカリアプリ内の「メルカリチャンネル」タブを選択することで、視聴可能になります。

【メルカリチャンネルの応援機能】

視聴者が配信者を配信中に、スタンプで応援できる「応援機能」を搭載しています。

これによって、視聴する側も配信する側も、ともに楽しめ、盛り上げていくことができます。

◎配信できない品物

次の品物を用いた動画配信は、倫理的に不適切、また、青少年の保護育成上好ましくない可能性があるため、メルカリの事務局で配信停止されることがあります。

- **刃物やエアガン等の取り扱いに注意が必要なもの**
- **下着など、青少年の保護育成上好ましくない商品**

◎静止画・無言の配信

「商品の静止画のみ」を配信することや、配信者自身による主体的な**「商品説明等が行われない場合」**には、メルカリの事務局で**ライブ配信を停止する場合があります。**

・飲酒および喫煙しながらの配信
・未成年の飲酒・喫煙は法律で禁止されています。

成人の場合であっても、飲酒・喫煙行為を配信することは、青少年の保護育成上好ましくないため配信を停止されることがあります。

◎メルカリチャンネルの利用料金

メルカリチャンネルの配信、利用料は発生しません。
ただし、パケット通信料は利用者の負担になります。

メルカリチャンネルを利用するにあたっては、ウェブに利用方法などが詳しくありますので、そちらを参照しながら試してみましょう。

コツ4 季節のイベントに合わせたセール販売をする

では、最後に、売るためのテクニックをもう一つ紹介しておきましょう。

それは、**季節のイベントに合わせて「セール」を実施すること**です。

「コツ2」でも触れましたが、これまで、単品で売れそうになければ、**「数をまとめて売る」**、もしくは半端ものや1点もので残っているものを**「組み合わせセットで売る」**、そして、**「特典付き！」**で売るというのもセールスのテクニックでした。

普通はデパートでも商店街でも、

「サマーバーゲン」

「クリスマス・セール」

「歳末大売り出しセール」

「○○セール」


といった季節のイベントに合わせたセールを開催しています。

これはセールを実施することで購買意欲を喚起しようという狙いです。また、買い手のほうは、セール開催を待っている場合も少なくありません。

メルカリでも同じことが言えます。

もともと割安、適正価格で売買していたとしても、「○○セール」を開催して割安感をぐっと上げると、販売促進に結びつくでしょう。

◎限定セール、タイムセールで煽る

ところで、セールの名称は何でもいいのですが、インパクトのある、短いものがいいでしょう。ほかの通販サイトを参考にしてもいいかもしれません。例えば、次のような感じでセールを開催してみましょう。


「ゴールデンウィーク限定！　特別セール開催」

「24時間お買い物マラソンセール中！」

「50％オフ！　まとめ買いセール実施中」


実は、セール開催には、二つの目的があります。

一つは、限定期間の割安感を出して、購買意欲を刺激すること。通常よりも売上がアップします。

もう一つは、以前に出品して売れ残っている在庫を処分するきっかけをつくること。

出品したまま売れ残っている品物を、セールで一掃する狙いもあるのです。

◎写真で差をつけるテクニック

では、セール開催に合わせて、写真を撮り直してみましょう。

クリスマスシーズンならば、より季節感を出すために小物と一緒に品物を撮影するといいでしょう。

例えば、クリスマスツリーの前に品物を置いてもいいでしょう。

クリスマスカードを背景に、品物を手前に置いて撮影するだけで、クリスマスの雰囲気が伝わります。これが写真で差をつけるテクニックなのです。

コツ5 購入者とのコミュニケーションを大切にする

販売のためのいろいろなテクニックを紹介しました。しかし、重要なことは、買う側の気持ちを優先して対応することです。つまり、購入者とのコミュニケーションを大切にすることなのです。

繰り返しになりますが、次のようなことが重要です。

■品物の情報をしっかり伝える

①サイズ、重量、素材

②買った場所とそのときの価格

③品物の状態（キズの有無、色褪せ、ほころびの有無など）

発送のときに、どういう大きさで送るかも重要です。例えば、折りたたむのかどうかが気になる人もいます。折り目がつくかどうかがあらかじめわかれば、購入者側も納得してくれますが、そうでなければクレームになる場合があります。

◎質問、コメントがついたら、すぐ回答する

品物に対して質問やコメントがつくのは、購買意欲が高いという状態です。

「付属品はついていますか？」

「ウラ側の縫製部分の写真をアップで見たいのですが……」

「万一、作動しない場合の返品は可能ですか？」

いろいろな質問、コメントがつくのは、関心が高いからです。

こうした質問やコメントへの対応を面倒くさがらないことです。

また、あなたの回答は、質問者が見ているだけではありません。その品物に興味を持っている人（フリマウォッチャー）が大勢見ています。10倍、30倍、いや100倍ものフリマウォッチャーが閲覧していると考えておきましょう。

また、質問を投げかけ、その回答の仕方を見ることで、出品者の人柄を見極めようとする人もいるのです。

例えば、「値引き可能でしょうか？」というコメントに対して、どう回答するかは大勢の人の注目の的です。

「はい、○○○円に値引き致します」などと回答すると、黙って見ていた人たちもこの出品者は値引きに応じてくれる人だと判断します。

そうなると、すべての人に対して値引きに応じないといけなくなります。

例えば**「ギリギリの値段なので、値引きの相談には応じられませんが、購入いただければ明日までに発送します。」**

という具合に、発送日を早めるなどのメリットを強調して対処しましょう。

購入したい人は、すぐに届くことにメリットを感じてくれます。

私が気をつけていることは、次のようなことです

- **購入してもらったら、必ず挨拶メッセージ（サンクスメール）を送る。**
- **発送予定が変わったときは、すぐに連絡する。**
- **「評価」の前に取引メッセージでお礼を伝える（2回目のサンクスメール）。**

こうした点に配慮しておけば、購入者とトラブルになることはまずありません。「評価」も高くつけてもらえます。コミュニケーションをとっておくことが円滑な取引をするカギになることを忘れないでください。

◎ハッシュタグ入れる

最近は、SNSで、ハッシュタグを入れることが多くなりました。

例えば、　#メルカリ　という具合です。

ハッシュタグとは、言葉やスペースのないフレーズの前に、#（ハッシュ記号）をつけ

る、一種のラベルだと言っていいでしょう。

ハッシュタグを活用すれば、同じタグ付きメッセージを収集することができ、それが存在する全メッセージの電子的検索もできると言われています。どこまで販売に結びつくかわかりませんが、トレンドとして入れておいてもいいでしょう。

#ブランドバッグ

#プラダ

#シャネル

好きな言葉にハッシュタグ記号をつければいいだけですから簡単です。ネット検索している人が、このハッシュタグ記号で見つけてくれるかもしれません。

そういう意味で新しいトレンドを取り込んでおくことも考えましょう。

あとがき

最後までお読みいただきまして、ありがとうございました。

メルカリ販売、やってみたくなりましたでしょうか？

やっていない方は　是非はじめてみてください。

そして、出品したけどなかなか売れないな～と思っていた方は、本書に書かれた「売るコツ」を意識して出品してみてください！

きっと、「いいね」がたくさんついて、どんどん売れると思います。

今まで捨てていた服が、他の人に着て頂けるうえに、「本当に気に入りました！　今度のデートに着ていきます！」と感謝され、喜びの声を頂けるととても嬉しくなります。

「売れると嬉しくなって、また出品したくなるという好循環を生みます」by 泉澤

自分では使わない物が、誰かに引き継がれる、そして、お金としての対価も得られる。

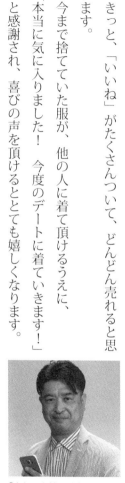

まさに良いことのスパイラルです。

そのプラットホームがスマホで簡単にできるのがメルカリです。

メルカリのすごいところは、日々変化していくところです。

ユーザーの使いやすさ、安全さを日々改善されアップデートされています。

最新の機能の使い方などは、本書巻末にある「本書ご購入者限定特典！」に登録して頂ければ、いち早くお届け致します。


私がネットリサイクビジネスで起業したきっかけは、おこづかい稼ぎからはじめたネット販売です。

そして、気がついたら、おこづかい稼ぎの本を書かせていただくことになりました。

あなたもおこづかい稼ぎではじめたメルカリ販売が楽しくなり、いつの日か、起業しているかもしれません。

起業のきっかけは、メルカリと言う方も増えて行くでしょう
実際、そのような方は、私の講座に参加されている方の中にもいます。

はじめは、「本当に売れるか？」「私には売るものがない」と言っていた方々が、５ヶ月

後には毎月20万円、30万円を稼ぎ、起業を考えるまでになった方も実際にいらっしゃいます。

本書を書き上げるあたり、メルマガにお便りをくれるあなた、講座に参加していただいた方々、また、企画段階からいろいろご協力をいただいた福崎剛様に心から感謝申し上げます。

最後に出品してこんな面白いものがメルカリで売れた！

本に書かれている以外にも、こんなキャッチコピーを使ったら売れて大変喜ばれた‼

購入者から、感動する喜びの声をいただいた、などなど、どんな情報でも結構ですので、ぜひ、メールをください！（連絡先はこちらまで➡ https://makasete-auction.com/contact）

最後までお読みいただき本当にありがとうございます。

メルカリの達人をめざしている、あなたを心から応援しています。

平成30年8月吉日　　泉澤義明

本書ご購入者限定特典！

本書をお買い上げ頂き誠にありがとうございます。

さらに稼げる、本書では書ききれなかった実例、失敗談などの動画コンテンツ等、読者様限定特別プレゼントとしてご用意させて頂きました。

無料プレゼント

- **達人簡単梱包の仕方**
- **達人仕入れのリサーチ**
- **達人スマホ副業の稼ぎ方セミナー動画**

など、すべて無料でプレゼント致します！
今すぐ下記のページにアクセスしてプレゼントをゲットしてください。

★今すぐアクセス！

https://makasete-auction.com/paltatsujin

※このプレゼントの市販はしておりません。尚、プレゼントは予告なく内容を変更、または終了することがあります。
予めご了承ください。

泉澤義明（いずみさわ・よしあき）

1970年千葉県生まれ。リサイクルアドバイザー。ネット古物商・ブランドリサイクルショップ『ブルーム』店主。ネット販売講師。

広告代理店、テレビ制作会社勤務を経たのち独立。

会社勤めをしているときにネットオークションに興味を持ち、出品を始める。オークションは順調に売上を伸ばし、副業として始めて、半年後に会社を退職し、独立して〝ネット古物商〟となる。

最近では、自らの経験を活かしたネット販売の講師としても活躍。実際、講師を始めてみると受講者から「わかりやすい」「すぐに結果が出る」と大好評になり、受講者の中からは、副業1年目で利益200万円を出す方、独立起業してネット古物商を始められる方を続々と輩出するなど、その実践的な教え方には定評がある。自らの商売も10年以上経ち、オークション取引はヤフオク・メルカリ合わせて1万件以上の高評価を得ている。

主な著書である、『プロが教える儲かる「ネット古物商」の始め方』『お金が貯まる「スマホ副業」の稼ぎ方入門』（小社刊）が好評を得ている。
◎ブランドリサイクルショップ『ブルーム』
　千葉県船橋市本中山2-14-13　STコア1階
　mail:izumisawa@pleasure-link.com

編集協力●福崎 剛

メルカリの達人《たつじん》!
♯1日《にち》5分《ふん》 月《つき》5万円《まんえん》のおこづかいの稼《かせ》ぎ方《かた》!!

2018年9月7日　初版発行
2019年2月5日　2刷発行

著　者　泉澤義明
発行者　常塚嘉明
発行所　株式会社 ぱる出版

〒160-0011　東京都新宿区若葉1-9-16
03(3353)2835 ― 代表　03(3353)2826 ― FAX
03(3353)3679 ― 編集
振替　東京 00100-3-131586
印刷・製本　中央精版印刷(株)

ISBN978-4-8272-1139-9　C0034